Matthias Wenger

Woran glaubten eigentlich die Germanen ?

Überlegungen zu einer neuen Betrachtungsweise der germanischen Religionsgeschichte

Matthias Wenger: Woran glaubten eigentlich die Germanen? Überlegungen zu einer neuen Betrachtungsweise der germanischen Religionsgeschichte
© 2023 Matthias Wenger

ISBN: 978-3-384-01807-6 (Softcover)
ISBN: 978-3-384-01808-3 (Hardcover)
ISBN: 978-3-384-01809-0 (E-Book)

Impressum

Verantwortlich im Sinne des Pressegesetzes des Landes Berlin: Matthias Wenger, Ostender Str.2, 13353 Berlin

Die Lage verschärft sich noch weiter zuungunsten der mittelalterlichen Mythologen, wenn wir eine weitere Quelle zu Rate ziehen, nämlich Cäsars (100 – 44 v. Chr.) Mitteilungen über den Gallischen Krieg, der uns folgende radikale Erkenntnis über germanische Religiosität im Gegensatz zur keltischen präsentiert:

"Die Germanen kennen keinen Priesterstand, dem die Leitung des Gottesdienstes obliegt, und kümmern sich nicht viel um Opfer. Göttliche Verehrung genießen bei ihnen nur die Sonne, das Feuer und der Mond, weil sie diese sehen und ihren segensreichen Einfluß deutlich spüren. Die anderen Gottheiten kennen sie nicht einmal durch Hörensagen." [11]

Sichtbarkeit und Segensreichtum sind natürlich bagatellisierende Umschreibungen, die für Sonne und Mond auf Himmelsbeobachtung und das Kalendarische Bezug nehmen. Beim Feuer würde man sofort an das heilige Feuer der Parsen und der vedischen Inder denken. Cäsars Hinweis vermittelt einen Eindruck von germanischer Religiosität, die auf die archaische Synthese des zivilisatorisch Nützlichen und Praktischen in Verbindung mit dem Heiligen Bezug nimmt. Tatsächlich lässt sich der Bogen der Vermutungen hier sehr weit spannen, von den Kulturtechniken des Neolithikums bis hin zu frühneuzeitlichen Volksbräuchen, die jahreszeitliche Bedeutung haben.

Die enge Verknüpfung markanter Zeitpunkte des Sonnenjahres und die daran gebundenen kultischen Feuer, wie sie James George Frazer im „Goldenen Zweig" dokumentierte, würden Cäsars Mitteilung als sehr summarische aber authentische Beschreibung ausweisen.

Versuchte man, den gemeinsamen Nenner zwischen Tacitus und Cäsar auf den Punkt zu bringen, könnte

Dieses Werk ist der zweite Band aus der Reihe
Edition Prometheus

Die Edition Prometheus verfolgt das Ziel, einen
Einklang hervorzubringen zwischen spiritueller
Intuition und kritischem Denkvermögen

Über den Autor:

Matthias Wenger

1987 Gründung der Zeitschrift "Der Hain" zusammen mit Michael Frantz. Die Zeitschrift erschien dreimal im Jahr bis 2007. Den Schwerpunkt der Zeitschrift bildeten Themen wie Heidentum, Naturreligion und Esoterik.
Studium der Psychologie und Religionswissenschaft in Berlin.
1990 – 1994 Diverse Artikel zu mythologischen, psychologischen und philosophischen Themen in Zeitschriften wie „Abrahadabra" und Albion.
1994 Das Buch „Göttinnen und Götter in den Mysterien des Heidentums" erscheint.
Seit 1996 regelmäßige Veröffentlichungen in der jährlich erscheinenden „Rückschau" des Forschungskreises Externsteine e.V., die Kurzfassungen seiner Vorträge auf dessen Tagungen beinhalten.
Weltanschauliche Transformation auf der Basis einer intensiven Auseinandersetzung mit Anthroposophie, Buddhismus, Chassidismus, Neuplatonismus und Gnosis.
Beiträge zu religionsphilosophischen, historischen und gesellschaftlichen Themen erscheinen regelmäßig auf der Internetseite des Autors unter www.derhain.de. Matthias Wenger ist Mitglied der Theosophischen Gesellschaft Adyar.

Inhaltsverzeichnis

Woran glaubten eigentlich die Germanen?

Diese etwas polemische und nachdrückliche Frage muss doch erlaubt sein, wenn man sich die Bedeutung der germanischen Stämme sprach- und kulturgeschichtlich vor Augen führt.

Schließlich waren weite Teile des heutigen Deutschlands, Polens, Englands und Skandinaviens von Stämmen „germanischer Zunge" besiedelt. Dazu kommen Nordfrankreich und die Benelux-Staaten.

Südlich der Alpen siedelten, wandernd und auf der Suche nach einer neuen Heimat Goten, Langobarden und Vandalen, die hier, im Abgesang auf das zerfallende Imperium Romanum Jahrhunderte währende Königreiche errichteten.

Um alle Missverständnisse auszuräumen: Die Kultur des modernen Europa hat viele Wurzeln. Auch die christlich-jüdische Überlieferung und das griechisch-römische Erbe zählen dazu.

Und dennoch bilden die germanischen Stämme eine wesentliche Wurzel der europäischen Kultur der Gegenwart und die Frage nach ihrer religiösen Einstellung erscheint mir deshalb legitim.

Allerdings bewegen wir uns dabei auf vermintem Gelände. In ihrem Bedürfnis, das nationale Erbe der Deutschen des 19. Jahrhunderts um die germanische Vorgeschichte zu bereichern, griff eine chauvinistische Historiographie zu unlauteren Mitteln: Statt die germanische Stammeskultur realistisch zu betrachten, versuchte man, ihr den Status einer Hochkultur zu verpassen, in jeder Hinsicht ihr geistiges Primat hervorzuheben. Der germanischen Kultur wurde nicht nur das denkmöglichste Sublime unterschoben, auch ihre Einzigartigkeit gegenüber einer lateinischen "Gegenkultur" wurde immer wieder betont. So beruhte zum Beispiel das Interesse am Arianismus durchaus auf der Idee, eine einzigartige germanische Variation des Christentums zu identifizieren.

Um all diese Übersteigerungen vorgeschichtlichen Interesses als patriotischer Ertüchtigung geht es hier nicht. Es geht vielmehr darum, einen Blick hinter einen Schleier von Missverständnissen und seichten Fehlinterpretationen zu werfen, ein Stück historiographische Aufklärung.

Zugleich ist auch Folgendes zu beachten: Glaube im Sinne eines Fürwahrhaltens theologischer Dogmen war den Menschen germanischer Stämme mit Sicherheit unbekannt.

Wenn wir den Begriff vernünftig fassen, werden wir Glauben vielleicht als innere Gewissheit auffassen, die aus einer unmittelbaren geistigen Schau resultiert.

Hier müssen wir die künstlichen Grenzziehungen zwischen Logos und Mythos überwinden, die Autonomie menschlicher Erkenntnis im Sinne mystisch-kosmischer Gewahrwerdung des Göttlichen betonen.

Einer solchen Autonomie war man in den Gefilden des Irrationalen nie besonders günstig gesonnen. Die Bereitschaft, den Übergriff einer psychischen Unterwelt auf die menschliche Eigenständigkeit zu akzeptieren, war bisher noch immer die letzte Ratio pseudoesoterischer Märchenerzähler. Nehmen wir etwa Richard Wagner. Tatsächlich sind Wagners Opern für viele die einzige Brille, durch die sie des altgermanischen Mythos ansichtig wurden. Über diese bedauerlichen Verirrungen, durch die ganze Generationen von eigentlich an der germanischen Vorgeschichte Interessierte abgehalten wurden, sich den ernsthaften Quellen zuzuwenden, ist genug gesagt worden. In Friedrich Nietzsches „Der Fall

Wagner" heisst es z.B: „Wagner hat über Nichts so tief wie über die Erlösung nachgedacht: seine Oper ist die Oper der Erlösung. Irgend wer will bei ihm immer erlöst sein: bald ein Männlein, bald ein Fräulein — dies ist s e i n Problem....Der Lohengrin enthält eine feierliche In-Acht-Erklärung des Forschens und Fragens. Wagner vertritt damit den christlichen Begriff „du sollst und musst g l a u b e n ". Es ist ein Verbrechen am Höchsten, am Heiligsten, wissenschaftlich zu sein...""[1]

Ein anderer beliebter Märchenerzähler, diesmal aus der Welt der Psyche, war C.G. Jung. In seinem Aufsatz „Wotan – Sein Wiedererwachen im Dritten Reich" stellt Jung einen indirekten Zusammenhang her zwischen dem „alten Wanderer", der Wandervogelbewegung, den wandernden Arbeitslosen der Dreissiger Jahre und SA-Horden. Eine solche Brandmarkung neuheidnisch Interessierter, die sich als kulturpsychologische Analyse maskiert, erscheint im Fall C.G. Jungs besonders peinlich. Hat doch Jung selbst nach Kräften dazu beigetragen, das NS-System zu unterstützen und zu festigen.[2]

Dabei geht es ihm nicht nur um die politische Instrumentalisierung, wahrscheinlich, um von seiner eigenen politischen Rolle abzulenken. Als Herold einer neuen Tiefenpsychologie gehört Jung auch zu den Protagonisten eines Relativismus, der darauf aus ist, die Realität des Metaphysischen zu zertrümmern: „Da nun aber die Götter unzweifelhaft Personifikationen seelischer Gewalten sind, so ist die Behauptung ihres metapsychischen An-Sich-Seins ein ebensolcher Übergriff des Verstandes, wie die Meinung, sie könnten erfunden werden."[3]

Ich mache hier deshalb so dezidiert auf ihn aufmerksam, weil sich an diesem Beispiel zeigt, wie leicht man über historisch weit Entferntes leichtfertig zu spekulieren vermag. Das passiert vor allem in Fällen, wo es ein beträchtliches Defizit an ernsthafter und ernstgemeinter Forschung gibt. Auf diese Weise ist Jung in der Lage, zu unsinnigen Aussagen wie der Folgenden zu kommen: „Wotan ist – und das hat man offenbar völlig vergessen – eine gemanische Urgegebenheit, ein wahrster Ausdruck und eine unübertroffene Personifikation des deutschen Volkes … Man kann daher von einem Archetypus »Wotan« sprechen, der als autonomer seelischer Faktor kollektive Wirkungen erzeugt und dadurch ein Bild seiner eigenen Natur entwirft".[4]

Es liegt auf der Hand, dass es auf der Basis derartiger Ideen keine sinnvolle historische Analyse geben kann.

Die einfache Überlegung, dass die kultische Verehrung einer Gottheit bestimmten geschichtlichen Bedingungen unterliegt, die vorher nicht gegeben waren und dann vielleicht später auftreten, scheint der Archetypenlehre fremd zu sein.

Weder eine rationale Überlegung zu Ursachen und Wirkungen im geschichtlichen Prozess noch eine Einsicht in sinnvolle Handlungsalternativen der in der Geschichte tätigen einzelmenschlichen Subjekte ergibt sich daraus. Aus diesem Grunde wende ich mich mit aller Entschiedenheit gegen derartige Abgesänge auf den autonomen Menschen.

„Glauben" ist Einförmigkeit inneren Willens in vollendeter Kontemplativität. Glaube stellt aber keine Preisgabe gottgegebener Denkfähigkeit gegenüber emotionalen Wahngebilden dar!

Aber auch der simplifizierenden politischen Diffamierung des Interesses an germanischer Religiosität ist zu begegnen. Den differenzierenden Auseinandersetzungen über diese Frage hat der Schrifsteller Walter Kappacher ein literarischs Denkmal gesetzt. In seinem autobiographischen Roman *Morgen* von 1972 beschreibt er folgende Szenerie: Ein Mann, ein „sonderbarer Alter" oder Wanderprediger, steht in der Fussgängerzone einer deutschen Großstadt. Umringt von Neugierigen fordert er sie immer wieder auf, die Edda und das Nibelungenlied zu lesen, „darin liege unser aller Heil. Alle Dogmen führten uns in die Irre." Würden die Menschen in den Norden schauen, käme von dort alle Gesundung. „Kirche, Religionen, Politik, alles Dogmen, die den Menschen knechten." Es gelte, den Geist frei von fremden und schädlichen Einflüssen zu machen. Daraufhin wird ihm von einem Studenten entgegengehalten, dass die bewusste Loslösung von allen Dogmen auch schon wieder ein Dogma sei. Das Gespräch geht in einem allgemeinen politschen Geschimpfe unter: „rechte Scheiße", „linke Scheiße" lauten die Parolen.

Schliesslich erwidert der Alte auf die Angriffe der ihn umringenden überwiegend jungen Leute: „Ja, Euch drängt es nach Einordnung in ein System, nach einer Lehre, einem intellektuellen Spiel, aber wißt Ihr, was Hermann Hesse sagte? Er sagte, »du sollst dich nicht nach einer vollkommenen Lehre sehnen, sondern nach Vervollkommnung deiner selbst«, und einer der Studenten rief jetzt »lassen sie den Hesse aus dem Spiel!«.

Nachdem ein Polizist sich anschickt, die Menge zu vertreiben, heisst es bei Kappacher: „Der Alte packte seine Bücher ins Köfferchen und ging hinunter Richtung Rathaus, und obwohl vorher alle gegen ihn waren, folgten sie ihm nun, wie eine Jüngerschar."[5]

Diese anekdotisch-ironische Schilderung neuheidnischer Agitation zeigt im Grunde recht deutlich, wie problematisch sich die politische Bewertung des Interesses an der Vergangenheit tatsächlich darstellt. Die Skurrilität des Neopaganen ist durchaus geeignet für eine

Flucht in das Vergangene, die an Realitätsverweigerung grenzt. Aber auch die Möglichkeit einer Befreiung des Denkens durch dessen Neuorientierung ist eine ihrer denkbaren Optionen. Und genau darum geht es mir in der vorliegenden Arbeit.

Odin, Donar, Freya und Co.: Der bunte Götterhimmel der Skandinavier

Die vereinfachte Aussage der Religionswissenschaft läuft darauf hinaus, dass einzelne germanische Stämme und bestimmte Regionen ihre Stammesgötter verehrten und daß man im Rahmen eines Austausches zwischen den Stämmen von einem funktionalen Polytheismus sprechen kann. Die „Edda" berichtet von Odin als Gott der Weisheit und des Krieges, Thor als Gott der Bauern und Freyr als Hüter der Fruchtbarkeit. Frigg als Göttin der Erde, sowie Freya als streitlustigem Pendant einer mediterranen Liebesgöttin: Im „nordischen Götterhimmel" tummeln sich sehr unterschiedliche Charaktere, die in ihrer Vielfalt an die von Ovid und Homer beschriebenen Götter erinnern.

Neuzeitliche Enthusiasten germanischer Kulturgeschichte haben die Aussagen der Religionsgeschichtler gern aufgenommen: Der bunte Götterhimmel mit seinen Clangeschichten befeuert eine geradezu theatralische Vorstellungswelt, wie sie sich in modernen Familiengeschichten widerspiegelt – von den Buddenbroks bis hin zum Denverclan. Von Richard Wagner angefangen bis zu modernen us-amerikanischen „Asatruar" und zeitgenössischen Anthroposophen reicht die Spannbreite derer, die den Göttermythen einen primären Status in der religiösen Vorstellungswelt der Germanen zugesprochen haben.

Und doch gibt es vereinzelte Spuren in der Überlieferung vom Glauben der Germanen, bei denen sich ein leiser Zweifel an der Mainstream-Mythographie zu melden scheint.

Schließlich ist die wesentliche Quelle germanischer „Vielgötterei" noch nicht allzu alt: Die altisländischen

Eddatexte sind im 13. Jahrhundert entstanden[6], ältere Vorlagen bis ins 10. Jhdt. sind denkbar. Die Eddaüberlieferung ist also nicht nur ein spätes Produkt germanischer Literatur – sie ist mit Island und Norwegen auch begrenzt auf ein enges kulturelles Umfeld, dessen Ausstrahlung auf germanische Kulturen Mittel- geschweige denn Südeuropas fragwürdig ist. Als Instrumente der Dichtkunst im Sinne eines Skaldenlehrbuchs spiegeln die Eddatexte das literarische Interesse ihrer Schöpfer wider: Die Eddageschichen mit ihren vielen farbigen Details sind Belletristik im besten Sinne, mittelalterliche Unterhaltungsliteratur.

Für Jan de Vries ergab sich sogar ein „Eindruck später und deshalb oft spielerischer Bearbeitungen alter Motive" und von „zuweilen ziemlich schwankhaften Erzählungen".[7]

Aber reflektieren sie auch die religiöse Vorstellungswelt der Germanen, ihr Nachsinnen über die „letzten Dinge"?

Dieser Frage wird man sich nur annähern, wenn man über die Eddatexte hinaus nach Quellen Ausschau hält, die uns etwas über die Religiosität der Germanen verraten können.

Tacitus und Cäsar säen Zweifel

Betrachten wir etwa, was uns Tacitus (58 – 120 n. Chr.) in seiner „Germania" mitteilt:

„Die Götter zwischen vier Wänden einzusperren oder in beliebiger Menschengestalt darzustellen, entspricht im übrigen nicht der germanischen Anschauung von der Erhabenheit himmlischer Wesen. Wälder und Haine sind ihre Tempel und in die Namen ihrer Götter hüllt sich jene geheimnißvolle Macht, welche einzig in der Andacht des frommen Gedankens sich ihnen offenbart."

(Ceterum nec cohibere parietibus deos neque in ullam humani oris speciem assimilare ex magnitudine caelestium arbitrantur; lucos ac nemora consecrant, deorumque nominibus appellant secretum illud, quod sola reverentia vident.)[8]

Für jeden, der die zahlreichen skandinavischen Götterfigürchen, die Abbildungen auf den Brakteaten und die Nachrichten von mit Götterstatuen geschmückten Tempeln aus den Sagas kennt, muß diese Nachricht einigermaßen überraschend sein. Zeigt die Kunstgeschichte nicht, daß ganze Generationen germanischer Schmiede und Kunsthandwerker sich zu übertreffen suchten, um die Göttinnen und Götter sinnlich anschaulich zu gestalten? Selbst die aus der Zeit um Christi Geburt und davor stammenden „Baumgötter" zeigen ein ebenso subtiles als handfestes künstlerisches Talent, religiöse Idole zu produzieren. Davon sind jedenfalls Religionshistoriker überzeugt.

Tacitus Aussagen sind eigentlich recht klar und erlauben ziemlich umfassende Einsichten über die Vorstellung, die die Germanen von einer Gottheit gehabt haben sollen: Götter lassen sich nicht zwischen vier Wänden einsperren. Das hieße, dass diese Art von Gottheit über unsere herkömmlichen Vorstellungen von Raum und Zeit und sich darin bewegende singuläre personale Wesenheiten hinausgeht.

Sie sind nicht in beliebiger Menschengestalt darzustellen. Genaugenommen ist diese Aussage nicht nur ein Affront gegen menschenähnliche Idole in kunsthandwerklicher Form, sondern auch gegen eine literarische Formgestaltung anthropozentrischer Wahrnehmungsstrukturen. Vor allem aber betont dieser Grundsatz in der Darstellung des Tacitus die Apersonalität des Göttlichen insofern, als man ihnen irgendeine zwischenmenschliche emotionale bzw. humanpsychologische Qualität abzusprechen versucht. Und wenn der Grund in der „Erhabenheit" der Götter besteht, deutet das auf einen besonderen Begriff von Transzendenz, den die Germanen ihren Göttern zuzuschreiben pflegten.

Schlussendlich formuliert Tacitus aber vor allem die deutliche Antithese gegenüber einem germanischen Polytheismus, wenn er darauf hinweist, dass die Namen der Götter lediglich verschiedene Umschreibungen für eine Macht darstellen, die man nur geistig-meditativ erfassen kann. Die Formulierung „in die Namen ihrer Götter hüllt sich jene geheimnißvolle Macht" verweist doch darauf, dass die Vielfalt der Götter nur die Außenseite einer einheitlichen metaphysischen Qualität darstellt.

Eine Religiosität, die nicht daran denkt, Götter in sakrale Gebäude zu sperren, oder ihre Lokalisierung darauf einzuschränken, deutet natürlich auch auf eine ganz andere Art von Typologie des Religiösen hin. Bernhard Kummer zielt genau darauf ab, wenn er in diesem Zusammenhang den Begriff der „Freilichtreligion" einführt.[9]

Natürlich darf man nicht darüber hinwegsehen, dass

Tacitus in seinem Werk auch Götter und Göttinnen nennt, die bei den Germanen verehrt worden sein sollen. Die Rede ist z.B. von Isis, Mercurius, Herkules oder die Kastor und Pollux vergleichbaren Zwillingsgötter der Alcen. Abgesehen davon, dass wir hier mit den Rätseln der *interpretatio romana* konfrontiert sind, kann von einer darin erkennbaren Widerspiegelung der ungemein umfangreichen und vielfältigen Edda-Mythologie keine Rede sein. Das Bild ist ein anderes und es ist seltsam verschoben.

Im 39. Kapitel der Germania erwähnt Tacitus ein zentrales Heiligtum der Germanen, das vom Stamm der Semnonen verwaltet werde:

„...und feiern da mit der öffentlichen Opferung eines Menschen das grauenhafte Vorspiel eines barbarischen Festes", schreibt Tacitus beklommen. Und noch andere seltsame Riten finden hier statt: „niemand betritt ihn anders als gefesselt; eine Huldigung, welche ein untergeordnetes Wesen der Macht der Gottheit bringt. Fällt einer zu Boden, so darf er nicht aufstehen oder sich aufheben lassen, auf der Erde muß er sich hinauswälzen."

Ob mit diesen Riten ein missverstandener Initiationsritus beschrieben wird oder vielleicht ein irgendwie geartetes Mysterienspiel zelebriert wird, wissen wir nicht. Aber dieses zentrale Geschehen der germanischen Kultur wird in den Zusammenhang einer bestimmten Gottesidee gestellt:

„Durch dieses ganze Treiben geht die Anschauung, daß hier die Wiege des Volkes, hier der allbeherrschende Gott, alles andere untergeordnet und abhängig sei."

(Vetustissimos se nobilissimosque Suevorum Semnones memorant. Fides antiquitatis religione firmatur; stato tempore in silvam auguriis patrum et prisca formidine sacram omnes eiusdem sanguinis populi legationibus coeunt, caesoque publice homine celebrant barbari ritus horrenda primordia. Est et alia luco reverentia: nemo nisi vinculo ligatus ingreditur, ut minor et potestatem numinis prae se ferens; si forte prolapsus est, attolli et insurgere haud licitum; per humum evolvuntur. Eoque omnis superstitio respicit, tanquam inde initia gentis, ibi regnator omnium deus, cetera subiecta atque parentia. Adiicit auctoritatem fortuna Semnonum: centum pagis habitantur, magnoque corpore efficitur, ut se Suevorum caput credant.)[10]

Was könnte man unter einem „allbeherrschenden Gott" verstehen? Gewiss ist das keine Huldigung an einen semnonisch-suevischen Monotheismus. Aber es deutet doch schon auf eine Gottheit, die vielleicht vielen anderen Gottheiten übergeordnet ist.

Und noch ein Kontrapunkt zu der Idee von den vielen Göttinnen und Göttern deutet sich an, wenn man den Kult der Göttin Nerthus betrachtet, die Tacitus der Göttin der Erde gleichstellt. Im 40. Kapitel der *Germania* beschreibt er ihren Kult, bei dem zwei wesentliche Züge ins Auge fallen: Die eigentliche öffentliche Unsichtbarkeit der Göttin, bei der nicht klar ist, ob man an eine kultische Person oder an ein den Blicken des Volkes entzogenes kultisches Bild zu denken hat. Der zweite Punkt ist das Verschwinden von am Kult Beteiligten, bei dem rätselhaft bleibt, ob ein Opfergeschehen zugrunde liegt, ähnlich wie bei dem Menschenopfer im Hain der Semnonen.

Der Kult der Mutter Erde fügt sich in eine archaische Dualität von Erde und Himmel, die klarer und einfacher ist, als der soziale und belletristische Polytheismus der Literaten. In vielen indoeuropäischen Mythen begegnet man der Gegenüberstellung von Himmelsgott und einer Erdgöttin.

man sagen: Die Germanen waren Anhänger einer bildlosen, übersinnlichen Gottesidee, die sich praktizierbar in einem Himmel und Erde umgreifenden Lichtkult niederschlug.

Waren die Germanen etwa Monotheisten in einem pantheistischen oder kosmotheistischen Sinne? Zu bedenken ist dabei allerdings, daß die explizite Gegenüberstellung von Polytheismus und Monotheismus auf einer Begriffsmythologie beruht. Der Begriff des "Monotheismus" wird zuerst im 17. Jahrhundert von dem englischen Platonisten Henry More (1614 - 1687) benutzt. Sind wir also mit der Frage nach den vielen germanischen Göttern Opfer einer bloßen sprachlichen Mystifikation, die die abrahamitischen Traditionen neuzeitlich in ihrem Abgrenzungsbemühen gegen als feindselig betrachtete religiöse Kulturen und Ethnien vollzogen haben?

Veranschaulicht man sich die bunte Schicksalshaftigkeit der Geschichten, wie sie von Homer oder Snorri erzählt werden, fällt das Allzumenschliche daran ins Auge: Die Gottheiten der Mythen sind uns aus unserem sozialen und kulturellen Leben heraus total vertraut, sie sind eben durch und durch anthropozentrisch gedacht. Sie verströmen einen Hauch des Trivialen.

Nehmen wir z.B. die Geschichte, in der die Götter zustimmen, die Göttin Freya an einen Riesen zu verkaufen, der ihnen als Gegenleistung ein kolossales Bauwerk verspricht. Und damit gehen dann Mord- und Rachegelüste einher, die in jeder Hinsicht eine augenscheinliche Abwesenheit des Heiligen zu signalisieren scheinen.

Versetzen uns diese Mythen gar in die Gefahr, gewöhnliche menschengestaltige Wesen als Götter zu betrachten, also falsche Götter anzuerkennen? Tragen diese Götter am Ende nur den Namen Götter, sind aber statt dessen lediglich mit einem göttlichen Nimbus versehene Menschen?

Der Forscher Wilhelm Grönbech, der germanische Religiosität z.B. aus den Sagas heraus erkundete, kam darüber z.T. zu recht bodenständigen Überlegungen: So beschreibt er eine Kategorie vielverehrter Wesenheiten, die gewissermaßen Schutzgeister bzw. Götter einzelner Sippen darstellten, wie sie sich z.B. in den *Fylgien* verkörperten. Grönbech bemerkt dazu: „Gewöhnlich hatten die Götter keine Namen oder richtiger vielleicht: sie brauchten keine Namen; sie waren einfach die Götter des Stammes, unsere Götter, die Frauen (disir) des Stammes, die Disen, die unsere Verwandten begleitet haben.“[12]

Zu einer weiteren interessanten Deutung personaler Göttermythen kommt Grönbech, wenn er denkbare Beziehungen zwischen Kult/Ritual und Mythos vorschlägt:

„Eine besondere Klasse in der Welt der Götter bilden die göttlichen Wesen, die nur Personifikationen einer Phase im Kult sind. Während des Blotes ist alles mit Göttlichem durchtränkt, und alle Handlungen oder Zustände können sich zu der persönlichen Erscheinung einer göttlichen Macht kristallisieren oder, mit anderen Worten, jede auftretende Person ist eine Personifikation der göttlichen Handlung, die durch ihre Einwirkung zustandekommt.“[13] Als Beispiele führt Grönbech die Gottheiten Hönir, Lodur oder etwa Heimdall an.

Eigentlich können wir uns aber derartige Spekulationen sparen, denn die Quellen sprechen sich ziemlich klar darüber aus!

Beginnen wir mit Tacitus, der im 8. Kapitel der Germania über die Verehrung spricht, die die Germanen bestimmten Frauen entgegenbrachten: „Ja den Germanen sind die Frauen geradezu eine Art heiliger und prophetisch begabter Wesen; ihr Rath bleibt nicht unbeachtet, ihr Spruch wird nicht überhört. Wir selbst haben unter dem verewigten Vespasian jene Veleda gesehen, welche lange Zeit und weithin als ein göttliches Wesen gegolten hat. Auch früher schon standen eine Aurinia und andere Frauen in ähnlicher Verehrung. Aber kriechende Schmeichelei war das nicht, so wenig als Vergötterung."

(Inesse quin etiam sanctum aliquid et providum putant, nec aut consilia earum aspernantur aut responsa negligunt. Vidimus sub divo Vespasiano Veledam diu apud plerosque numinis loco habitam; sed et olim Auriniam et compluris alias venerati sunt, non adulatione nec tanquam facerent deas).[14]

Tacitus stellt also hier fest, dass die Germanen Frauen vergöttlichten und fügt gleich eine Verneinung dieser Interpretation ihres Verhaltens hinzu. Warum? Vielleicht war ihm bewußt, wie nahe diese Gepflogenheit der römischen Praxis war, die z.B. die Cäsaren nach ihrem irdischen Ableben der Apotheose, der Vergöttlichung zuführten. Es handelte sich dabei nicht nur um einen „Brauch", sondern einen ganz formalen, staatsrechtlichen Akt, der automatisch nach dem Tode vollzogen wurde.[15]

Götter, Menschen oder vergöttlichte Menschen? Wie man als Mensch zur Göttlichkeit emporsteigt oder die europäische Karriere des Herrn Odin

Es war also offenbar sowohl in der griechisch-römischen Kultur als auch bei den Germanen üblich, besonders respektierte Menschen zu vergöttlichen – als einer der Ahnherren dieser Praxis zumindest in deskriptiver Hinsicht kann Euhemeros (340 - 260 v. Chr.) gelten. Plutarch sagt im Jahre 100 n. Chr. über ihn: „Dieser verbreitete durch die von ihm verfasste unglaubliche und unbegründete Götterlehre jede Art von Gottlosigkeit über die Erde, indem er alle bisher für Götter gehaltenen Wesen gleichmäßig verzeichnet als die Namen von Heerführern, Seefeldherrn und Königen, die nämlich vor Alters her lebten."[16]

Wir brauchen aber nicht so weit abzuschweifen, denn auch Quellen aus germanischer Feder sprechen eine deutliche Sprache. Neben den beiden Eddatexten gibt es nämlich aus dem 13. Jahrhundert noch zwei weitere wichtige mythologische Quellen, die nur nicht so oft herangezogen und zitiert werden: Die sogenannte „Heimskringla" (Erdkreis), eine Art Chronik norwegischer Königsgeschlechter, die man ebenso wie die Prosaedda Snorri Sturluson zugeschrieben hatte sowie die *Gesta Danorum* (Dänische Geschichte) des Saxo Grammaticus (1140 – 1220).

In beiden Quellen wird z.B. Odin ausdrücklich erwähnt. Er wird als vorzeitlicher König beschrieben, der aus Asien nach Nordeuropa eingewandert sei und seine neuen Untertanen so beeindruckt habe, dass sie ihn schließlich vergöttlichten. Die Beschreibung seiner Taten ist ziemlich konventionell: „Ein hoher Bergrücken zieht sich von Nordost nach Südwest, der Großschweden von anderen Reichen trennt. Südlich des Gebirges ist es nicht weit zum Türkenland, und dort hatte Odin große Besitzungen. In jener Zeit zogen römische Hövdinge weit in der Welt umher und unterwarfen alle Völker: Viele Könige flohen vor diesen Kriegsunruhen aus ihren Besitzungen. Weil aber Odin zukunfts- und trollkundig war, wusste er, dass seine Nachkommen im nördlichen Teil der Erde herrschen würden. Da setzte er seine Brüder Ve und Vili über Asgard und zog mit allen Diar und vielem anderen Mannsvolk fort, zuerst westwärts nach Gardarike *(="Reich der Städte"=Westrussland)* und dann südwärts nach Saxland *(=Norddeutschland)*, und dort setzte er seine Söhne zum Schutz der Länder ein. Danach zog er nordwärts zur See und nahm Wohnsitz auf einer Insel, und der Ort heißt jetzt Odinsöy *(=Odense)* auf Fünen." Odin verfügt über eine herausragende Suggestibilität, was für charismatische politische Persönlichkeiten als typisch gelten darf: „Hinzu kam, dass seine Rede so gewandt und geglättet war, dass alle, die ihr lauschten, stets glaubten, sie allein sei wahr. Alles sprach er in Reimen, wie dies noch jetzt in dieser Kunst üblich ist, die man Skaldendichtung nennt. – Odin und seine Opferpriester nannte man Liederschmiede, weil diese Kunst des Dichtens in den Nordlanden von ihnen ausging."

Auch okkulte Künste nach Art eines Schamanen sagte man Odin nach: „Wenn Odin seine Gestalt ändern wollte, lag sein Körper wie schlafend oder tot; er selbst aber war ein Vogel oder ein wildes Tier, ein Fisch oder eine Schlange." Schließlich, so berichtet die Heimskringla, entwickelte sich aus der Machtfülle eines archaischen Häuptlings ein religiöser Kult: „Indessen, Odin und diesen zwölf Hövdingen, opferten die Menschen, nannten sie Götter und glaubten noch lange danach an sie. Nach Odin bildete man den Namen Audun, und so nannten die Menschen ihre Söhne." Ausführlich erzählt die Heimskringla auch von dem Krieg zwischen den Asen und den Vanen, von den Göttern Njörd und Freyr sowie mancher anderen Gestalt, die auch aus der Edda-Mythologie bekannt ist.[17]

Die hier erzählten Geschichten haben aber eindeutig einen historischen Charakter, keinen transzendent-philosophischen!

Bei Saxo Grammaticus stellen die Geschichten um Odin, hier „Othinus" genannt lediglich eine kleine Episode dar, aber die Schilderungen gehen in die gleiche Richtung: „In dieser Zeit hielt sich ein gewisser Othinus, obwohl er in ganz Europa fälschlich als Gott angesehen wurde, doch häufiger in Upsala auf und ehrte diese Stadt ganz besonders als gewöhnliche Residenz, vielleicht wegen des Stumpfsinns der Einwohner, vielleicht auch wegen der schönen Lage. Seiner göttlichen Majestät wünschten die Könige des Nordens ihre ergebene Verehrung zu zeigen, liessen seine Gestalt in einem goldenen Abbilde darstellen und schickten die Statue als Zeichen ihrer Ergebenheit mit dem Ausdrucke der frömmsten Gottesfurcht nach Bizantium."[18]

Natürlich läßt sich gegen die die hier vorliegende euhemeristische Deutung der nordischen Götter einwenden, sie dienten der Abwertung und Bagatellisierung der vorchristlichen Religiosität seitens christlich inspirierter Chronisten und Kleriker.

Aber eigentlich ist das Gegenteil der Fall, werden doch die Götter als Ahnherren historischer Herrscher aufgeführt, um letztere aufzuwerten! Und wie Euhemerus sowie der römische Brauch der Apotheose zeigen, handelt es sich nicht um ein Deutungsspezifikum der Christianisierungsära.

Schon in Platons Timaios-Dialog werden anläßlich der Atlantis-Geschichte Gottheiten in historische Berichte eingegliedert – deutliche Hinweise darauf, welche Bewandtnis es mit dieser Art von „Göttern" tatsächlich hat. In diesem Zusammenhang läßt Platon hier den Kritias erzählen: „«Es gibt in Ägypten», begann er, «im Delta, um dessen Spitze sich der Lauf des Nils teilt, einen Distrikt, den man den saitischen nennt, und die größte Stadt dieses Distrikts ist Sais, von wo ja auch der König Amasis stammte. Als Gründerin dieser Stadt gilt den Bewohnern eine Göttin, deren Name auf ägyptisch Neith lautet; das ist auf griechisch, wie sie behaupten, Athena."

Von welcher Art von Gottheit reden wir also denn, wenn *Göttinnen* und *Götter* zur Sprache kommen?

Ich will mich nicht dem Missverständnis ausliefern, eine Verschwörungstheorie zu referieren, die uns das wahrhafte Wesen germanischer Religiosität vorzuenthalten versucht. Was ich behaupte, ist einfach nur, dass die literarische Überlieferung dermaßen lückenhaft ist, dass wir schließlich *in der Summe* zu einer religionsgeschichtlichen Fehlinterpretation kommen.

Man stelle sich z.B. einmal vor, durch einen dummen Zufall wären uns weder die vier Evangelien noch die Paulusbriefe überliefert worden. Statt dessen würde lediglich, neben zahlreichen mittelalterlichen Kunstwerken in Form von Heiligenstatuen, eine Textvariante der *Legenda Aurea* auf uns gekommen sein, jener hochmittelalterlichen Sammlung von Märtyrerviten mit ihren Wundergeschichten und abergläubischen Geschehnissen. Darin sind zwar alle möglichen verschrobenen Hinweise auf das vorhanden, was die Kirchenväter über Gott und Christus glaubten, aber eben nur in Form indirekter Hinweise. Der aus einer solchen Fundsituation resultierende Versuch, das historische Christentum zu rekonstruieren, wäre, vorsichtig ausgedrückt, von fragmentarischer Unwissenheit geprägt.

Die Wahrheit darüber, welche Bedeutung der Gott Odin für die germanischen Stämme hatte, ist nicht leicht rekonstruierbar. Wenn man aber z.B. bedenkt, dass die Götter Thor oder Freyr als *fulltrui* bezeichnet wurden, d.h. als „vollkommen treue Freunde", wird der Unterschied klar: Im Zusammenhang mit Odin findet man diese Art von Lobpreis nie.[19] Auch in dem, was man ausblendet und verschweigt, kann sich die innere Distanz deutlich manifestieren!

Die Edda - Offenbarung der Götter oder Steinbruch archaischer Bilder?

Dass wir durch die Lektüre der „Edda" etwas über die religiösen Vorstellungen der Germanen erfahren können, wird sicher niemand bezweifeln.

Es gibt allerdings in der neopaganen Bewegung der Gegenwart eine Betrachtungsweise, die sich darin gefällt, den Bibliomystizismus der abrahamitischen Religionen noch zu übertreffen. So behauptet Sigrun v. Schlichting[20] in ihrem Vorwort zum Nachdruck der Simrock-Edda seitens des Armanen-Ordens 1983 ernsthaft: „Diese Mythen, wie auch das mit ihnen zusammenhängende Weistum über die Naturgesetze der Welt und des Kosmos, wurden seitdem über ungezählte Generationen in höchster Überlieferungstreue und Gewissenhaftigkeit von Mund zu Ohr, in manchen Teilen über Jahrzehntausende weitergereicht … Um die Vielfalt des Lebens, der Schöpfung der Göttinnen und Götter zu verstehen, die uns hier in der EDDA überliefert ist, wurde uns die Himmelskunde von ODIN in seinen Liedern übermittelt."[21]

Auf der Basis solcher Ideen wurden auch neuheidnische Romantiker zu psychischen Opfern eines Fundamentalismus, den sie andererseits in seinem christlichen Gewande bekämpften! Bezeichnenderweise entstammt das zitierte Vorwort einer Ausgabe der Lieder-Edda. Wenn man sich der Lektüre der „Jüngeren Edda" zuwendet, gewinnt man einen völlig anderen Eindruck.

Beginnen wir mit dem Gylfaginning, jenem Text der Prosa-Edda, der als eine Art Rahmenerzählung die Abenteuer eines vorzeitlichen Königs Gylfi bei dem

Versuch erzählt, die *Asen* kennenzulernen. Er hat schon Einiges über „der Asen Volk" in Erfahrung gebracht. Nun macht er sich auf, um deren Weisheit und Bedeutung genauer zu erkunden. Gleich am Anfang, noch vor Beginn seiner Reise nach den Asen „dachte er nach, ob dies von ihrer eigenen Kraft geschehen könne, oder ob da die Macht der Götter walte, welchen sie opferten." [22]

Gleich am Anfang wird also die Vermutung ausgesprochen, die Asen seien zwar keine Götter, sehr wohl aber ständen sie zu den *eigentlichen* Göttern in Beziehung!

Es ist in gewisser Hinsicht mit der Edda ganz ähnlich wie mit der Bibel: Unterschiedliche Texte aus ganz verschiedenen Epochen sind in ihr „versammelt". Aber das schliesst nicht ein, dass es sich wirklich um einen einheitlichen Text mit einheitlicher Intention handelt. Im Grunde handelt es sich sogar um mindestens zwei verschiedene Schriften.

Der Isländer Snorri Sturluson verfasste um 1220 ein Prosawerk für den norwegischen König Hákon Hákonarson. Es ist auch unter dem Namen „Jüngere Edda" bekannt. Interessant ist es vor allem deshalb, weil es mit den alten nordischen Mythen sehr systematisch beginnt – angefangen von den Urdingen des Kosmos bis hin zu Erzählungen über den Untergang des Kosmos und der Götter.

Um 1270 entstand dann auf Island eine Sammlung von Liedern, in denen gleichfalls Götter-, aber auch Heldenmythen geschildert werden – in teils poetischer und dramatischer Formgestaltung. Zum grossen Teil handelt es sich aber um erzählerisch-poetische Beschreibungen, so dass im eigentlichen Sinne von Götterhymnen, wie z.B. im Rig-Veda nicht die Rede sein kann.

Da einige Strophen dieser Sammlung auch in der Prosa-Edda des Snorri Sturluson auftreten, sprach man von der „Älteren Edda". Das ist irreführend, weil es keinen Beleg dafür gibt, dass es vor Snorri bereits einen solchen Text gab.

Die in den Texten erzählten Mythen berichten von ganz unterschiedlichen überirdischen Mächten. So ist etwa die Rede von den Thursen, den alten Riesen, die vor der Ära der Götter existierten. Ihnen wird immer wieder vorzeitliche Weisheit zugeschrieben – und in manchen Liedern treten die Thursen sogar als Wesen auf, die die Götter belehren. Dennoch ändert das nichts an der Dämonisierung, die ihnen zuteil wird.

Da diese Thursen zugleich als Feinde der Götter dargestellt werden, liegt es nahe, sie als Träger einer älteren Religion zu betrachten, die in der Folge von den Protagonisten eines neuen Glaubens überwunden wurden.

Eine ähnliche Bedeutung haben auch jene drei Göttinnen, die man als Nornen bezeichnet. Auch sie sind nach den Mythen der Edda im Anbeginn vorhanden. Und ihre Macht wird dadurch gekennzeichnet, dass das von ihnen bewirkte Schicksal von Einfluss auf das Leben und sogar Überleben der Götter und Helden ist. Verständlicherweise betrachten Menschen, die von einer vorzeitlichen Religion weiblicher Gottheiten überzeugt sind, die Nornen als Verkörperungen eben jener weiblichen Ur-Göttinnen.

Auch das Wirken dieser Gruppe überirdischer Wesenheiten wird in den Edda-Texten relativ objektiv dokumentiert – so als wenn hier der heilige Text einer prähistorischen matriarchalischen Religiosität tradiert wird.

Es gibt aber noch einen weiteren partikulären mythologischen Komplex, der die Rolle bestimmter „herrschender" Gottheiten relativiert. Und das ist die Position der Wanen, uralter Vegetations- und Naturgottheiten im Gegensatz zu den Asen.

So ist z.B. der Lichtgott Freyr, dessen Geburtstag zur Zeit der Wintrsonnenwende gefeiert wird, ein Wane. Auch Njörd, der Gott des Meeres gehört diesem Göttergeschlecht an. Und schliesslich ist die Göttin Freya, für die Sexualität und Magie im Vordergrund stehen, eine Wanin.

Die Gegensätzlichkeit der Wanen gegenüber den Asen, wie sie beispielsweise in Odin, Thor und Baldr Gestalt annehmen, mündet in der Vorgeschichte ein in einen großen Krieg. Aber beide Göttergeschlechter, schliessen Frieden, versöhnen sich und tauschen Geiseln aus.

Ihren Friedensschluss besiegeln sie sogar mit der Schöpfung eines Wesen namens *Kwasir.* Dieser Kwasir ist von besonderer Weisheit durchdrungen, die den Menschen zugutekommt.

Jedenfalls deuten auch diese beiden Göttergeschlechter an, dass es eine Zeit gab, in der getrennte Kulte widersprüchlicher Natur existierten. So ist es denkbar, dass die Wanen einen naturhaften Vegetationskult repräsentierten, während die Asen eine Religion verkörperten, bei der die Himmelskräfte, der Krieg und das Weisheitsstreben im Vordergrund standen.

Trotz ihrer Widersprüchlichkeit werden diese Götterdynastien beide respektvoll und ihrer Bedeutung gemäss geschildert. Insofern könnte man, wenn man die Eddalieder als „heilige Texte" betrachtete, die einen Götterhymnen als einer *wanischen* heiligen Überlieferung entstammend betrachten, die anderen einer ebensolchen *asischen* Tradition.

Für die Beziehungen zwischen der neueren Formation in den eddischen Texten, bei denen vom Göttergeschlecht der Asen erzählt wird und jenen Texten, die sich auf ältere mythische Wesen beziehen, ließe sich ein interessanter historischer Vergleich ziehen:

So findet man in den christlichen Schriften des Neuen Testaments vielfache Bezugnahmen auf Texte der jüdischen Torah. Oder betrachten wir die buddhistischen Sutren: In ihnen sind viele Hinweise auf die Götter des Hinduismus zu finden, in dessen Umfeld der Buddhismus in der Mitte des ersten vorchristlichen Jahrtausends entstand.

Auf diese Weise sollte man sich klar darüber werden, dass man auch in der „Edda" verschiedene Schichten gleichsam „vorgermanischer" Religionen und Kulte vorfindet: Die Religionen der Thursen, der Nornen und der Wanen – die schliesslich vom Kult der Asen dominiert und letztendlich überwuchert und überwunden wurden.

Wenn man dergestalt historisch denkt, kann hinsichtlich der Edda-Mythologie nicht von einem einheitlichen Bild die Rede sein. Aber die hier beschriebenen Mythen geben gute Einblick in sehr archaische Phasen der germanischen Geschichte und in uralte religiöse Vorstellungen, die sie konservieren. Dabei halten sie bemerkenswerterweise die Balance: Obwohl die ursprüngliche Machtposition älterer Gottheiten für die Gegenwart negiert wird, wird ihnen nicht die existenzielle Sinnhaftigkeit und Bedeutung abgesprochen. Sie verfügen, wenngleich relativiert durch die Ankunft der Neuen Götter immer noch über eine Position im Gefüge des Kosmos – nur nachrangig und im Hintergrund.

Natürlich enthalten diese Lieder und Erzählungen uralte Rückerinnerungen an Vorstellungsbilder aus indogermanischer Zeit und noch älteren Epochen. Aber diese Erinnerungen erreichen uns auf verschlungenen Pfaden weltweiter Entwicklungen, die wir nur schwer zu rekontruieren vermögen. Keineswegs gibt uns das ein Recht, den eddischen Texten einen übersinnlichen Offenbarungscharakter zuzuschreiben.

Es mag wohl sein, dass auch eine Rückerinnerung an längst vergessene Mythen den Charakter einer übersinnlichen Erfahrung annehmen kann. Genau dann besteht aber die Gefahr, dass sich aus der Mystifizierung eines Buches ein Fetisch ergibt, der uns daran hindert, uns unserem übersinnlichen Erleben direkt und unmittelbar anzuvertrauen. Bibliomanie ist stets Kennzeichen einer begrenzten exoterischen Auffassungsgabe und damit einer Verfallszeit!

Die Edda, die eben diese wechselseitigen Positioniereungen unterschiedlicher Göttergeschlechter im Verhältnis zueinander dokumentiert, erweist sich damit als eine Art „Archiv" oder Chronik germanischer Religionsgeschichte. Und darin liegt ihre einzigartige kulturgeschichtliche Bedeutung für die europäischen Nationen der Gegenwart, von denen einige ihre Herkunft z.T. von germanischen Stämmen herleiten!

Allvater – „Gottvater" der Germanen?

Nachdem Gylfi nach einer Reihe von magischen Täuschungsmanövern auf drei Häuptlinge trifft, die ihn übereinander auf Hochsitzen angeordnet erwarten, stellt Gylfi einem von ihnen die Frage: „Wer ist der höchste und älteste aller Götter? Har sagte: Allvater heißt er in unserer Sprache und im alten Asgard hattte er zwölf Namen. Der erste ist Allvater, der andere Herran oder Herian, der dritte Nikar oder Hnikar, der vierte ist Nikuz oder Hnikudr, der fünfte Fiölnir, der sechste Oski, der siebente Omi, der achte Biflidi oder Biflindi, der neunte Swidar, der zehnte Swidrir, der elfte Widrir, der zwölfte Jalg oder Jalkr."

Der Name Allvater wird von Snorri als Odinsname aufgefasst, „weil er der Vater aller Götter und Menschen ist und von all dem, was durch ihn und seine Kraft erschaffen wurde."[23]

Herran, Herian (oder Herjann lt. Simek) bezieht sich auf Odin als Führer der Einherier, des wilden Heeres der Toten, was nach Simek bereits als Totenheer der Harii bei Tacitus belegt sei.

Hnikarr steht altnordisch für „Aufhetzer", was sich darauf bezieht, dass dieser Gott Sieg in der Schlacht gewährt. Der Name *Hnikudr* steht in einem ähnlichen Zusammenhang.

Fjölnir deutet möglicherwese auf den „Viel-Wissenden" oder „sehr Weisen" hin.

Oski steht für den „Wunsch-Erfüller".

Omi könnte nach Simek „der Lärmer" bedeuten (von altnordisch *omun* = laut). Interessant ist hier die Querverbindung zu der heiligen Silbe, dem heiligen Laut *OM* in den altindischen Mysterien. Dann bezöge sich die altnordische Wortbedeutung auf OM (AUM) als ursprünglichen Klang des Schöpfungsgeschehens! Simek hält aber auch eine Ableitung von *auhuma*, „der Oberste" für denkbar – was bei der heiligen Silbe OM aufs Gleiche hinausläuft.

Biflindi bedeutet: „der mit dem bemalten Schild" oder aber „der die Heere zittern macht".

Svidurr (Swidar) aber auch Svidrir kann man lt. Simek von *Speer* ableiten, so dass es dann „Speergott" hieße.

Widrir oder Vidrir heisst „Wettergott".

Der Name Jalkr steht für „Wallach", zeigt also eine kultische Wechselbeziehung mit dem Pferd.

Einige dieser Namen werden hier als Beinamen des Gottes Odin aufgefaßt. Vielleicht sind es aber auch nur Qualitäten oder Energien, aus denen sich dann später das entfaltet, was in Odin zum Ausdruck gelangt.

Bei *Vidrir* als „Wettergott" zeigt sich deutlich, dass Bedeutungsgehalte anderer, älterer Gottheiten hier auf Odin bezogen werden, was man als nachträgliche Aneignung beschreiben könnte. Denn worauf deutet die Zwöfzahl der Namen im Grunde hin? Es ist ein Hinweis auf einen makrokosmischen Bereich, der sich auf den Tierkreis bezieht, also auf die Fixsternsphäre. Vielleicht ist es sogar eine Anspielung auf Avatare, also Verkörperungen von Gottheiten, die sich in den einzelnen astrologischen Zeitaltern inkarnieren werden.

Nach dieser Erwähnung eines höchsten oder ursprünglichsten Gottes wird jedenfalls zunächst der Urschöpfungsmythos erzählt (s. Kptl. 7), aus dem Odin und seine Brüder erst hervorgehen!

Nach Aufzählung der zwölf Namen Allvaters heißt es dann: „Da fragte Gangleri (gemeint ist Gylfi!): Wo ist dieser Gott, und was vermag er? Oder was hat er Großes getan? Har sagte: Er lebt durch alle Zeitalter und beherrscht sein ganzes Reich und waltet aller Dinge, großer und kleiner. Da sprach Jafnhar: Er schuf Himmel und Erde und die Luft und alles, was darin ist. Da sprach Thridi: Das ist das wichtigste, daß er den Menschen schuf und gab ihm den Geist, der leben soll und nie vergehen, wenn auch der Leib in der Erde fault oder zu Asche verbrannt wird. Auch sollen alle Menschen leben, die wohlgesittet sind, und mit ihm sein an dem Orte, der Gimle heißt oder Wingolf. Aber böse Menschen fahren zu Hel und danach gen Niflheim; das ist unten in der neunten Welt. Da fragte Gangleri: Was tat er, bevor Himmel und Erde geschaffen waren? Har antwortete: Da war er bei den Hrimthursen (Frostriesen)."

Abb.1: Allvater – Fresko aus dem Neuen Museum in Berlin von 1852 - Künstler : Gustav Heidenreich (1819 - 1855)

Kosmischer Ursprung - Surtr, Ymir und Tuisko: Götter jenseits des Pantheons

Der Text fährt fort mit einer detaillierten Beschreibung des nordischen Schöpfungsmythos, der eigentlich ein Entwicklungsmythos ist und das Werden menschengestaltiger Wesen und Götter aus elementaren Urkräften von Feuer, Wasser und Eis beschreibt.

Verfolgen wir weitere Spuren im Gefüge des Weltentwicklungsmythos, wie er noch *vor* der Ymir-Geschichte in der Prosa-Edda geschildert wird. Das Modell der Edda beruht auf dem Prinzip gegensätzlicher Elemente, die durch ihr Wechselspiel Neues hervorbringen. Diese Elemente sind Wasser und Feuer, wobei die Verwandlung von Wasser zu Eis zu einer besonderen Interaktion mit dem Feuer führt.

Im Süden wird die Welt des Feuers lokalisiert und sie trägt als *Muspel* einen Namen, der auch in der Evangelienharmonie des *Heliand* aus dem 9. Jhdt. zum Synonym für das Weltende durch einen gewaltigen Feuerbrand wird.

Personifiziert wird das Feuer durch ein Wesen namens *Surtr*. „Surtr ist er geheißen, der an der Grenze des Landes sitzt und es beschützt: er hat ein flammendes Schwert und am Ende der Welt wird er kommen und heeren und alle Götter besiegen und die ganze Welt in Flammen verbrennen."

Hier also wird uns ein Wesen vorgestellt, das noch vor dem gesamten kosmischen Entwicklungsprozeß existiert und auch sein Ende überlebt. Surtr ist schließlich verantwortlich für die Hervorbringung des ersten menschengestaltigen Wesens namens Ymir. Es heißt: „...und als die Glut auch dem Reif begegnete, also daß er schmolz und sich in Tropfen auflöste, da erhielten die Tropfen Leben durch die Kraft dessen, der die Hitze sandte. Da entstand ein Menschengebild, das Ymir genannt ward;"

Der Einfluß Surtrs geht aber noch weit über diese Belebung des Menschengestaltigen hinaus. Nachdem Odin, Wili und We Ymir getötet und aus seinem Schädel den Himmel gebildet haben, bringen sie auch Fixsterne, Planeten, Sonne und Mond hervor: „Dann nahmen sie die Feuerfunken, die von Muspelheim ausgeworfen umherflogen, und setzten sie an den Himmel, oben sowohl als unten, um Himmel und Erde zu erhellen. Sie gaben auch allen Lichtern ihre Stelle, einigen am Himmel, andere lose unter dem Himmel und setzten einem jeden seinen bestimmten Gang fest, wonach Tage und Jahre berechnet werden."

Auch das Licht der Gestirne ist im Ursprung und der Substanz nach Surtrs Werk. Hier geht es also um Urdinge des Kosmos!

Wenn wir es hier mit einem Wesen zu tun haben, das maßgeblichen Einfluß auf den Beginn allen kosmischen Geschehens ausübt, noch ehe die Götter „das Licht der Welt" erblickt haben, so eröffnet uns die Edda-Mythologie auch am Ende der Zeiten ein ähnliches Bild.

Im Epilog zum Ragnarök, dem grandiosen Untergang der Welt und ihrer Götter und deren Wiedergeburt lesen wir in der *Völuspa*, der *Seherin Gesicht*:

> „Einen Saal sehe ich   heller als die Sonne,
> Mit Gold bedeckt   auf Gimils Höhn:
> Da werden bewährte   Leute wohnen
> Und ohne Ende   der Ehren genießen.

Da reitet der Mächtige   zum Rat der Götter,
Der Starke von oben,   der alles steuert,
Den Streit entscheidet er,   schlichtet Zwiste,
Und ordnet ewige Satzungen an.“[24]

Wir erinnern uns des Hinweises aus dem Gylfaginning, daß es Allvater sei, der mit den „Wohlgesitteten“ in Gimle lebe. Die Völuspa signalisiert also, daß die Erneuerung der Welt mitsamt der Wiedergeburt eines Teils der Götter (ohne Odin und Thor!) ihren krönenden Abschluß nur mit dem Einzug eines höchsten Gottes finden kann.

Surt (Erste Wesenheit - Urfeuer)		Urelemente (Kosmische Evolution / Kosmogenesis)
Hvergelmir (Urwasser)		Urelemente (Kosmische Evolution / Kosmogenesis)
Ymir (Kosmischer Urmensch)	**Audhumbla** (Die „Urkuh“) **(Weibliche Urwesenheit)**	Kosmische Ganzheit
♂ ♀ ♂	**Buri** (Aus dem Geist geborene Menschengestalt)	Menschwerdung (Androgynität)
Bergelmir	**Bör ǀ Bestla** (Tochter Bölthorns)	Riesen – Trennung der Geschlechter
	Odin ǀ Wili We	Menschengestaltige Götter (Fragmentierung der kosmischen Ganzheit)

Abb.2: Erste biologische Gestalten der eddischen Kosmologie
(Gylfaginning Kptl. 4 - 8)

In der Welt des Urriesen Ymir lebt auch eine Urkuh namens Audhumbla. Sie leckt einen Mann hervor, der mit einer Riesin drei Wesen erzeugt: Odin, Wili und We.

Har (Einer von den drei Männern auf dem Hochsitz) bekennt nun Gangleri: „Und das ist mein Glaube, daß dieser Odin und seine Brüder Himmel und Erde beherrschen."

In gewisser Weise könnte man sagen, dass der erste Passus über Allvater gewissermaßen eine Vorschau darstellt auf diese Zeugung von Odin, Wili und We im Reiche der Frostriesen. Dann wäre Allvater identisch mit Odin.

Natürlich haben Generationen von Skandinavisten diesen Text als Vermischung christlicher Vorstellungen mit heidnischen Mythologemen abgetan. Aber stellt nicht eine derartige Mythifizierung einer christlichen Gottesvorstellung einen erheblichen Tabubruch für einen christlichen Autor dar? Die eigentliche Ungeschöpflichkeit Gottes, die Wurzellosigkeit und Unbegreiflichkeit seiner Existenz, sein Hervorscheinen aus einem transzendenten Nichts (was auch für seine Schöpfung gilt!) verträgt sich doch nicht mit einer mythischen Metamorphose, einem transformatorischen Evolutionismus handgreiflichster Körperlichkeit, wie er mit dieser Erzählung vorgestellt wird!

Die Frage, wer oder was Gott oder *ein* Gott ist, stellt aber nicht nur uns in der Gegenwart vor eine Vielzahl von Rätseln. Wir dürfen uns daran erinnern, dass ganze Generationen von „Kirchenvätern" und Theologen mit der Diskussion über die wahre Natur Jesu verbrachten: War er hauptsächlich von göttlicher Natur? Oder beruhte sein Wesen auf einer Synthese von göttlicher und menschlicher Natur? Und da gab es dann auch noch diese Arianer, bei denen möglicherweise das Menschliche an Jesus im Vordergrund stand!

In einen derartigen Disput geraten wir auch bei unserer Eddalektüre: Es geht um Ymir, das allererste menschengestaltige Urwesen im eddischen Entwicklungsmythos. Gangleri richtet nämlich die Frage an Har: „...hältst du ihn für einen Gott, von dem du gesprochen hast? Da antwortete Har: Wir halten ihn mitnichten für einen Gott: er war böse wie alle von seinem Geschlecht, die wir Hrimthursen nennen.“

Eine solch einfache Verneinung setzt zumindest die Möglichkeit der Bejahung der Aussage voraus. Dann ständen wir hier vor einer Vorstellung, die das Eine oder den Einen als Ursprung des folgenden, sich entwickelnden Weltganzen deklariert. Immerhin kommen die „Vielen“, die Urgötter Odin, Wili und We erst danach. Sie töten Ymir und gestalten aus den Bestandteilen seines Körpers den Kosmos in seiner uns vertrauten Ordnung. Das ist aber nur möglich, weil die Vielfalt der Kräfte des Kosmos bereits potentiell in Ymir vorhanden war!

Weil die Frage nach dem Wesen des Göttlichen hier so unklar ist, also wie zur Bekräftigung der Verneinung der Göttlichkeit Ymirs, fragt Gangeleri dann noch: „Was richteten die Söhne Börs (Odin, Wili und We) aus, daß du *sie* für Götter hältst?“ Man beachte, wie die Subjektivität der Sichtweise beibehalten wird und die Frage nicht etwa lautet: Woran kannst Du erkennen, daß sie Götter *sind*?

In der Antwort beschreiben die drei Männer auf dem Hochsitz, auf welche Weise Odin, Wili und We die einzelnen Teile von Ymirs Körper verwendeten, um daraus das Meer, den Himmel, die Erde und die Pflanzen zu schaffen. Ihre Göttlichkeit beruht also auf ihrer Gestaltungs- und Verwertungsmacht, nicht auf einer substanziellen, wesensbezogenen Beziehung zum Weltganzen.

Von Ymir wird aber auch noch etwas berichtet, was auf seine außergewöhnlichen schöpferischen Fähigkeiten hindeutet: "Es wird erzählt, als er schlief, fing er an zu schwitzen: da wuchs ihm unter seinem linken Arm Mann und Weib und sein einer Fuß zeugte einen Sohn mit dem anderen".[25] Ymir verfügt also über die Fähigkeit der Androgynität. Obwohl als männliches Wesen deklariert, ist er im Kern seines Wesens doppelgeschlechtlich. Vielleicht aber könnte man auch sagen, daß dieser Wesenskern über die konkrete menschliche Geschlechtlichkeit hinausgeht oder sich jenseits dieser Verortung befindet. Er kann also nicht nur die Form beider Geschlechter aus sich hervorbringen, er ist auch in der Lage, zugleich zu zeugen und zu empfangen. In geschlechtlicher Hinsicht ist er also Ausdruck einer ursprünglichen Ganzheit.

An diesem Punkt müssen wir jetzt noch einmal auf Tacitus zurückkommen: Auch in der Germania erfahren wir etwas über die *ersten* Dinge, über den Ursprung! Nur in einer etwas anderen Form. Im 2. Kapitel der Germania geht es nämlich um den Ursprung der Germanen. Das ist eigentlich ein historischer oder urgeschichtlicher Mythos, aber wenn man Tacitus Erzählung imaginativ folgt, wird klar, dass sich der Blick dabei ins Kosmische weitet: "In alten Liedern, der einzigen Art ihrer geschichtlichen Überlieferung, feiern die Germanen Tuisto, einen erdentsprossenen Gott. Ihm schreiben sie einen Sohn Mannus als Urvater und Gründer ihres Volkes zu, dem Mannus wiederum drei Söhne; nach deren Namen, heißt es, nennen sich die Stämme an der Meeresküste Ingävonen, die in der Mitte Herminonen und die übrigen Istävonen."[26]

Ganze Generationen chauvinistischer Prähistoriker haben diesen Mythos als Argument für eine germanische Autochthonie herangezogen. Die Idee, dass die germanischen Stämme "schon immer" dort gelebt hätten, wo man sie historisch vorfindet, wurde umgemünzt in eine Vorstellung von ethnischer Reinheit. Das ist eine folgenreiche und bemerkenswerte Fehlinterpretation: Wenn ein Urgott ins Spiel kommt, ist eigentlich klar, dass es dabei nicht um einen bestimmten Ethnos geht, sondern um den Ursprung der Menschheit. Darauf deutet ja auch der Name Mannus hin.[27] Nicht um die Entstehung einer bestimmten Menschengruppe infolge besonderer Bedingungen ihrer natürlichen Umgebung geht es hier. Es ist vielmehr eine besondere Gottesidee, die wiederum mit einem besonderen Bild vom Menschen in Beziehung gesetzt wird.

Zunächst ist festzustellen, daß der Name *Tuisto* etymologisch auf Zwiefältigkeit hinweist, was als hermaphroditisch gedeutet wurde.[28] Daraus egibt sich die Verbindung zwischen Tuisto und Ymir! Der Name Ymir lässt sich auf indoeuropäische Ursprünge zurückverfolgen, z.B. entspricht ihm *Yama* im Sanskrit. Es ist sicher kein Zufall, daß Yama der Name des altindischen Totengottes darstellt. Es geht hier also um die überweltliche, jenseitige Existenz der Menschen. Die Androgynität verbindet Tuisto in jedem Fall mit Ymir. Damit liefert uns Tacitus das Votum für seine Göttlichkeit, die später von Snorri erst in Zweifel gezogen wird!

Zugleich ist insofern auch klar, dass Tuisto nicht irgendein "ethnischer Gott" ist, sondern ein Urgott schlechthin. Damit ist aber verdeutlicht, dass die Germanen nicht ein Primat des Polytheistischen, sondern eine generative Idee mit der Gottesvorstellung verbanden. Dieser im eigentlichen Sinne generative oder „genetische" Monotheismus ist aber keineswegs abstrakt. Dass der Gott "der Erde entsprossen" ist, zeigt ja, dass der Erde selbst eine primäre Funktion zugesprochen wird. Wenn dieser Gott aus der Erde herauszuwachsen vermag, so vielleicht deshalb, weil er sich vorher in der Unterwelt befunden hat. Mit dem indischen Gott Yama ergibt sich eben dieser Zusammenhang, aber in umgekehrter Richtung: "He was the son of Vivaswat (the Sun), and had a twin-sister named Yami or Yamuna. These are by some looked upon as the first human pair, the originators of the race; and there is a remarkable hymn, in the form of a dialogue, in which the female urges their cohabitation for the purpose of perpetuating the species. Another hymn says that Yama "was the first of men that died, and the first that departed to the (celestial) world."[29]

Zugleich wird aber anhand eines Dialogs aus der Katha-Upanishad verdeutlicht, dass Yama über eine Beziehung zur Vorstellung von einer Urgottheit verfügt. Hier belehrt Yama den jungen Brahmanen Naciketas:

> Der Gott, von dem so viele noch nicht hörten,
> Den viele, die ihn hörten, nicht verstehen,
> Von welchem Lehrer wird er uns verkündet,
> Welch Schüler mag zu solchem Lehrer gehen?
>
> Wer den Geheimnisvollen, Tiefverborgnen,
> Ur-Ewigen, der Wohnung nahm im Herzen,
> Als Gott erkennt, sich in sich selbst versenkend, Der
> ist erhaben über Freud und Schmerzen[30]

All das schliesst auch die folgenden Überlegungen ein: Der ursprüngliche Gott steht hier in einer besonderen Wechselbeziehung mit einer weiblich verstandenen

Gottheit, nämlich der Mutter Erde. Da er vorher in der Unterwelt lebt, gelangt er erst aus einem vorherigen Zustand der Jenseitigkeit/Transzendenz und Verborgenheit in den Zustand sichtbarer Erscheinung.

Man sollte sich vergegenwärtigen, daß dies weitere Grundannahmen beinhaltet: Die Erde bringt ihn parthenogenetisch hervor. Sie wird also genauso androgyn gedacht, wie der Hervorgebrachte selbst. Tuisto selbst ist aber auch als präexistent zu verstehen und sein Erscheinen stellt eine Art von Inkarnation dar. Vielleicht ist dieser Bedeutungszusammenhang auch in dem Namen mitenthalten: Er würde dann auf ein Wieder- (oder Zweimal) Geborensein hindeuten, also als Anspielung auf die Erleuchtung oder Einweihung als zweite Geburt jenes Menschen, der die Transmutation ins Gottmenschliche vollzieht.

Im Sanskrit kennt man den Begriff des *Dvija*. Was verstehen wir unter diesem *zweimal Geborenen*? Nach dem Gesetzbuch des Manu handelt es sich um Menschen, die „erstens von ihren natürlichen Müttern und dann von der Gayatri, ihrer geistlichen Mutter" geboren wurden.[31]

Im Hinduismus gibt es einen Übergangsritus, der den Mannbarkeitsriten archaischer Stämme entspricht, wovon imWesten nicht sehr viel mehr als Konfirmation und Jugendweihe übriggeblieben sind. In Indien vollzog sich dieses Ritual folgendermassen:

Der Knabe wird im Alter von 8 – 14 Jahren seinem Guru vorgestellt, der ihn in die Rituale und religiösen Lehren einweihen wird. Von ihm erhält er die heilige Schnur, die ihm über die linke Schulter um den Leib gebunden wird. Er erhält Wasser aus den Händen des Gurus, ihm wird die Sonne gezeigt und es wird ihn das Mantram *Gayatri* gelehrt, und wie man es vorträgt.[32] Die damit verbundene Vorstellung einer zweiten, spirituellen Geburt ist so zu verstehen, dass der Guru zu seinem zweiten Vater wird und die *Gayatri* zu seiner spirituellen Mutter. Der Guru ist ein wissender erleuchteter Mensch, aber *Gayatri* hat eine erheblich vielschichtigere Bedeutung. Als Gayatri wird nämlich ein bestimmter Vers innerhalb des Rig-Veda bezeichnet, in dem die Sonnengöttin Savitri angerufen wird.[33] Die Sonnengöttin wird nun in den meisten Übersetzungen dieses Verses in Beziehung gesetzt zum göttlichen Licht im Inneren des Menschen. Zugleich gilt sie als Gemahlin und Tochter (!) des Gottes Brahma und als Mutter der Veden.[34] Man könnte also sagen, diese spirituelle Geburt operiert mit dem Bild eines irdischen Vaters und einer „himmlischen" Mutter. Und diese überirdische solare Muttergestalt wird zugleich als inneres göttliches Potential des Initianden vorgestellt.

Eine der zahlreichen Übersetzungen der Gayatri lautet:

O du goldene Sonne von herrlichstem Glanze,
erleuchte du unsere Herzen und erfülle unser Gemüt,
auf daß wir unser Einssein mit dem Göttlichen,
dem Herzen des Universums erkennen,
den Pfad zu unseren Füssen schauen
und ihn wandeln
zu jenem fernen Ziele der Vollkommenheit,
angespornt von deinem eigenen strahlenden Licht."[35]

Ganz passend dazu spricht Jesus zu Nikodemus im Johannes-Evangelium die folgenden Worte: „Wenn jemand nicht von oben her geboren wird, kann er die Königsherrschaft Gottes nicht sehen" - Nikodemus entgegnete ihm: „Wie kann ein Mensch noch einmal geboren werden, wenn er schon ein Greis ist? Er kann doch nicht zum zweitenmal in den Schoß seiner Mutter eingehen und noch einmal geboren werden." Jesus erwiderte: … Wenn jemand nicht geboren wird aus Wasser und Geist, kann er nicht in die Königsherrschaft Gottes eingehen. Wer vom Fleisch geboren ist, bleibt Mensch; wer aber aus dem Geist geboren ist, ist Geist. Verwundere dich nicht, daß ich dir das sage: Ihr müßt von oben her geboren werden! Der Geist weht, wo er will, und du hörst sein Sausen wohl, aber du weisst nicht, woher er kommt, und wohin er fährt. So ist es auch mit jedem Menschen, der aus dem Geist geboren wird."[36]

Nun wird man auch nicht mehr darüber verwundert sein, wenn es im Gesetzbuch des Manu heisst, dass die „zweite – oder göttliche – Geburt" dem Wiedergeborenen „dereinst auf ewig Leben zusichert".[37]

Es dürfte klar sein, dass der hinduistische Ritus als reines Lebensübergangsritual verstanden lediglich eine Metapher auf den Prozess der Erleuchtung und die damit verbundene spirituelle Transformation darstellt.

Jesu Darlegungen im Johannes-Evangelium bleiben etwas dunkel, obwohl man vermuten könnte, dass die Taufe im Jordan mit der Überschattung durch den heiligen Geist genau das gleiche Ritual darstellt: Mit Johannes dem Täufer als „Guru" (*Acharya*) und der himmlischen Erscheinung der Taube als *Savitri*.

Bei all diesen Bedeutungszusammenhängen erkennen wir auch, dass in der christlich-mystischen Tradition etwas angedeutet wird, was durch die Betrachtung des Hindu-Ritualismus besser verständlich wird. Es ist aber auch klar, ganz im universalreligiöen Sinne verstanden, dass es um den gleichen Vorgang geht.

Wenn nun in der germanischen Überlieferung der *Zweimalgeborene* die Wurzel der dreifach verstandenen gesellschaftlichen Ordnung des Menschseins (der drei „Stämme") darstellt, ist das ein beträchtlicher Hinweis auf die hohe spirituelle Dimension der germanischen Anthropologie!

In etwas anderer Struktur überliefert übrigens auch die Snorri-Edda in ihrem Ymir-Mythos eine Vorstellung, die der Erdentsprossenheit des *Tuisto* entspricht: Die Urkuh Audhumbla leckt aus einem Eisblock einen Menschen namens Buri hervor. Auch hier ein weibliches Prinzip, das ein androgynes Wesen aus festem Stoff "hervorwachsen" läßt. Auch Buri ist androgyn, denn er bringt Bör hervor, der mit einer Riesin namens Bestla die drei Urgötter Odin, Wili und We zeugt.

In beiden Fällen, sowohl bei Tuisto als auch bei Ymir haben wir es mit einer Einheit zu tun, die über mehrere Stufen sowie männlich-weibliche Gefüge in eine Dreiheit einmündet.

Erst mit dieser Dreiheit gelangen wir vom Ursprünglich-Kosmischen zum Historischen als der auch unserer Erfahrung entsprechenden Welt. Das gilt sowohl für die Urheber der drei Stämme, die Tuistos Sohn Mannus hervorbringt, als auch für die den sichtbaren Kosmos hervorbringenden Urgötter Odin, Wili und Weh. Die drei Söhne des Mannus stehen vermutlich in Wechselbeziehung zu Gottheiten[38], so dass die Parallelität zu Odin, Wili und We offenkundig wird.

Das in der Edda für Ymir beschriebene Modell ist komplexer und vielschichtiger, weil hier mit Audhumbla und Buri ein paralleler Sektor entsteht, der den Antagonismus zwischen dem Urgott und den nachfolgenden *drei Göttern* plausibler erklärt.

Welch besonderes Bild vom Menschen kommt aber nun im Tuisto-Mythos zum Ausdruck?

Es ist der Gedanke einer ursprünglichen Göttlichkeit

des Menschen oder seiner Wesensähnlichkeit mit dem Göttlichen, den die reale Gottenstammtheit über mehrere Stufen verbürgt. Wenn man den Ymir-Mythos als Parallelmodell durchdenkt, kommt hier noch hinzu die Göttlichkeit des Kosmos, das heißt, des Weltganzen! Die Göttlichkeit des Weltganzen resultiert hier aus der Substanz-Identität des kosmischen Gefüges mit dem Körper des Urgottes.

In letzter Konsequenz geht also die germanische Metaphysik nicht nur von einer mystisch-transzendenten Anthropologie aus, sondern auch von einem pantheistischen Monotheismus. Aber einem Monotheismus nicht in einem patriarchalisch-personalen Sinn, sondern eher verstanden als kosmischer Monismus. Dabei umschließt jene Anthropologie nicht nur Geist und Materie im Sinne einer Einheit von Körperlichkeit und Geistigkeit, sondern auch im Sinne einer engen Wechselbeziehung des Männlichen und Weiblichen.

Diese Gottesvorstellung hat aber nicht nur in Weltentstehungsmythen Spuren hinterlassen. In der mittelalterlichen sakralen Ikonographie gibt es ein Motiv, das vordergründig nur eine Illustration abgibt für ein Kapitel biblischer Geschichte. Ich spreche vom Wurzel-Jesse-Motiv.

Was wird im Wurzel-Jesse-Motiv dargestellt? Jesse (Isai) war nach den Evangelienberichten der Vater Davids, von dem man die Abstammung Jesu ableitete. Das Bild des Stammbaums wird hier als etwas Pflanzliches dargestellt, das aus einem menschlichen Leib hervorwächst. Es handelt sich um den Leib eines Vorfahren. Also im Grunde genommen eines Toten, der aber hier in diesem Vorstellungsbild als schlafend vorgestellt wird.

Das Bild verbindet also das Wesen der Abstammung und der Ahnen mit dem Prinzip pflanzlichen Wachstums. Wenn normalerweise ein Baum im Erdboden wurzelt, so vertritt also hier der Vorfahre dieses erdhafte Substrat, ist also so gesehen wie Tuisto ein *Erdentsprossner.*

Abb.3: St. Michael, Hildesheim (Um 1230)

Das gesamte Vorstellungsbild knüpft aber damit auch an eine Wahrnehmung des Weltganzen oder des Kosmos als eines alles umfassenden heiligen Baumes an.

Um einer völlig anderen Geschichte germanischer Religiosität auf die Spur zu kommen, habe ich verschiedene Funde antiker Autoren und mittelalterlicher Texte ausgeleuchtet. Auch mysteriöse Motive mittelalterlicher Sakralkunst kann man heranziehen.

Abb. 4: Wurzel Jesse - (Staatliche Museen zu Berlin, Kupferstichkabinett / Jörg P. Anders)

Diese zum Teil recht zwiespältigen Indizien papierener und ikonographischer „Realität" sind eine Sache.

Aber es müsste doch auch noch viel klarer verifizierbare historische Fakten geben, die uns in dieser Frage aufklären könnten.

Das Göttliche - was die Sprachgeschichte offenbart

Beginnen wir mit einem interessanten Aspekt der Sprachgeschichte. Wir sprechen hier über die mutmaßliche Gottesidee germanischer Stämme. Natürlich liegt es nahe, das Historische anhand einer Sprachschicht zu untersuchen, die in direkter chronologischer und territorialer Kontinuität zu den Sprachen dieser Stämme steht. Wir sprechen vom Althochdeutschen, der zunächst ältesten Wurzel der deutschen Gegenwartssprache aus der Zeit vom 8. bis zum 11. Jhdt.

Wenn hier von Gott, Göttinnen oder Göttern die Rede war, müsste uns das doch einen Hinweis geben auf die Vorstellungen, die damit verbunden waren. Schließlich steht das Althochdeutsche in direkter Abstammung von verschiedenen westgermanischen Sprachen wie dem Fränkischen, Alemannischen, Bairischen und Sächsischen.

Und auf diesem Terrain stoßen wir in der Tat auf das interessante Faktum, daß das germanische Wort *guda* hier als grammatisches Neutrum in Erscheinung tritt.

Man müßte also eigentlich sagen: „das" Gott, oder: Heutigem Sprachgefühl und Sprachverständnis eher angepasst: Das *Göttliche*.

Bernhard Kummer stellte fest: „In den frühesten Niederschriften von christlicher Hand wird die Heidengottheit mit dem Neutrum *god* bezeichnet, im Gegensatz zu *god* (masc.) für den Christengott. Es ist oft irreführend, dieses neutrale *god* mit „Götter", „Heidengötter" zu übersetzen, wie es in der Sammlung „Thule" geschieht. Das erweckt die Vorstellung des Edda-Polytheismus. Viel besser träfe für die Spätzeit ein Abstraktum wie „das Heilige der Heiden", „die göttlichen Mächte" und

Ähnliches das Richtige. ... Das Christentum sah, als es aufschreiben wollte, was oder wen eigentlich im Norden Christus überwand, ein unbestimmtes Etwas, ein Heiliges, ein Neutrum im Gegensatz zu dem persönlich bestimmten Christus. Für „das Göttliche" setzte es „den Gott".[39]

Wäre die entscheidende Vorstellungsform für „Gott" eine entweder männliche oder weibliche Menschengestalt gewesen, so hätten die mittelalterlichen christlich geprägten Texte eine maskuline Form von „Gott" verwendet.

So ist es nun auch tatsächlich, aber erst in einer späteren Phase! In der Phase der arianischen Christianisierung der Goten vollzog sich der Wandlungsprozeß zum Maskulinum vom 3. bis zum 4. Jahrhundert. Im westeuropäischen Bereich, bei Merowingern und Karolingern geschah das erst zwischen dem 6. und 8. Jahrhundert.[40]

Anders war es hingegen im nordgermanisch-skandinavischen Bereich, wie wir aus dem Grimmschen Wörterbuch erfahren:

„Während die einzelphasen der aneignung von *guða- für den christlichen gebrauch im ost- und westgerm. nur in spuren oder gar nicht mehr greifbar sind, erlaubt die relativ junge, über zwei jahrhunderte ausgedehnte bekehrungsgeschichte im anord. sprachraum Skandinaviens beobachtungen, die wohl auch für die anderen germanischen dialekte bedingte gültigkeit besitzen.

danach empfahl sich an. goð (guð), n., durch seine unspezifische bedeutung, deren ursprünglicher sinn kaum noch gefühlt wurde, durch seine feste verwurzelung im allgemeinen sprachgebrauch gegenüber seinen nur poetisch verwendeten synonymen und namentlich durch seine fähigkeit, trotz seines vorwiegend pluralischen gebrauchs, als singularisches appellativum der bezeichnung einer einzelnen gottheit zu dienen. diese fähigkeit besasz unter den zahlreichen vorchristlich-anord. gottesbezeichnungen, wie den pluralia tantum regin, hopt, bǫnd, fjǫrg, véar u.a. als umschreibungen für die unpersönlich gedachten schicksalsmächte, allenfalls noch der an. pl. tivar 'götter', dessen idg. wurzel *dei-wos sich in ai. dēvá, lat. Deus namentlich auszergermanisch fortsetzt. er begegnet singularisch als eigenname des höchsten himmelsgottes, später des kriegsgottes an. Týr (vgl. ags. Tīw, ahd. Ziu) und daneben, wie goð auch als singular. Appellativ, jedoch nur in poetischer sprache.

eine zu deutlich heidnische färbung mochte seiner aufnahme in den christlichen wortschatz im wege stehen, wie sich weiterhin etwa der göttername der Asen (an. Áss, pl. æsir) wohl durch seine bindung an bestimmte kultformen in nordischer spätzeit für den christlichen gebrauch als ungeeignet erwies und die älteren ost- und westgerman. spuren des namens in niedere religiöse sphäre weisen. um das heidnische germ. *guða- in den einzelnen dialekten den christlichen missionszwecken gefügig zu machen, war der gebrauch des wortes als eines maskulinen singulars unerläszlich: nur so vermochte es den einen christlichen gott (in der art eines eigennamens, vgl. den ahd. acc. sg. Gotan entsprechend der flexion der eigennamen) zu bezeichnen, und nur so grenzte es ihn von den zunächst weiterhin neutral und vorwiegend pluralisch gebrauchten formen des wortes zur bezeichnung der alten gottheiten eindeutig ab. ... an. god (guð) läszt das ursprünglich neutrale genus ebenso erkennen wie die pluralformen got. guda, ags. Godu (neben jüngerem maskul. pl. godas), an. goð, guð. nur in ahd. got, m., pl. Gota, selbst der frühesten literarischen zeugnisse, sind die sicher auch hier vorauszusetzenden vorstufen infolge der stürmischen und gegen das heidnisch-religiöse vokabular unduldsamen missionierung nicht mehr erkennbar. erst nach seiner endgültigen christianisierung gibt auch der norden das alte neutrale geschlecht des wortes in den meisten gebieten auf und bildet in aschwed. -anorw. Guðir einen maskul. pl. für die heidnischen götter, doch bewahrt das isländ., unter zusätzlicher inanspruchnahme eines wechsels im stammvokal, in goð, n., für den heidnischen gott neben guð, m., für den christlichen das alte neutrum z.t. noch heute."[41]

Infolgedessen wagen wir uns an zwei daraus resultierende Hypothesen: Die singuläre Form des Wortes deutet gerade auf ein Konzept, das einer übergreifenden Gottheit, oder aber einem *Prinzip des Göttlichen* oder *der Göttlichkeit* den Vorrang zugesteht vor einer Anzahl verschiedener und damit nach- oder untergeordneter Wesen.

Die geschlechtsneutrale Form des Begriffes hingegen kann auch auf Androgynität deuten: Die Prosaedda beschreibt z.B. bei Ymir, daß er in der Lage war, im Kontext einer Selbstzeugung Nachkommen hervorzubringen. Aber ebenso könnte das Neutrum als bewußte Verneinung des Generativ-Geschlechtlichen auf eine besondere Idee von Transzendenz als geistbestimmtem Wesen hindeuten, einem Wesen jenseits aller denkbaren Körperlichkeit.

Eine weitere Überlegung bietet die Anknüpfung an ein Konzept aus der altindischen Spiritualität. In den Upanishaden finden wir die Vorstellung von einer göttlichen Urkraft, dem *Brahman*. Es handelt sich um eine Urenergie oder Uressenz des Göttlichen, die sich im einzelnen Menschen widerspiegelt als *Atman*.

Erst viel später, in einer neuen mythologisch geprägten Epoche erscheint der Gott *Brahma* als männliche Personifikation dieses Urgöttlichen. Die alldurchdringende göttliche Kraft des Gottes ist noch symbolisch erkennbar in den vier Gesichtern Brahmas, von denen jedes in eine andere Himmelsrichtung schaut.

Auch in der germanischen Religiosität deutet sich eine Vorstellung vom Göttlichen an, bei der nicht eine geschlechtsspezifische Person im Vordergrund steht, sondern eine Wesensessenz, etwas Qualitatives.

Jan de Vries umschreibt es für die geistige Welt der Germanen folgendermaßen: „...es ist doch wohl so, daß das menschliche Tun und die göttliche Welt ohne Unterlaß miteinander in Verbindung standen; ... Wurde in der einen eine Bewegung ausgelöst, so fand sie unmittelbar ihren Widerhall in der anderen. ... Man sagt nicht zuviel, wenn man die ganze menschliche Lebenswelt geheiligt nennt, weil das Göttliche an irgendeinem Punkte immer in sie hineinragt."[42]

An anderer Stelle betont de Vries den Unterschied zwischen der Qualität des Heiligen und den personalen Göttern: „Denn „heilig" ist, was zu den Göttern in nahe Beziehung getreten ist."[43] „Sobald aber der Germane sich dessen bewußt ist, daß er durch eine göttliche Wirkung berührt worden ist, spricht er von Heiligkeit, d. h. von einem Zustand des Heils."[44]

Bei der Besprechung des altnordischen Begriffs fulltrui (= der vollkommene treue Freund) sagt de Vries, „man ist sogar geneigt, darin eine Verwischung der Grenzen zwischen der Welt der Menschen und jener der Götter zu erblicken."[45]

Auch Wilhelm Grönbech hat darauf hingewiesen, dass die Personalität der Gottheiten nicht der primäre Aspekt germanischer Religiosität gewesen sein kann:

„Sie zeigen in ihrem Wesen, das den neutralen Zustand von Macht mit Persönlichkeit verbindet, keine besondere göttliche Kraft, denn das ist das Wesen des Lebens in all seinen Offenbarungen.“[46] Und weiter: „Die Heiligkeit band sie. Die Menschen bewegten sich in der täglichen Heiligkeit wie in etwas Großem, das ihnen gemäß war. … Wenn alles gesagt ist, zeigt sich die Wahrheit: das Blot[47] besteht nicht darin, daß Menschen Götter erschaffen oder Götter Menschen erschaffen, sondern es ist ein Schöpfungsakt, aus dem Götter und Menschen und alle Dinge hervorgehen.“[48]

Auf ganz ähnliche Weise beschreibt es der germanistische Mediävist Helmut de Boor aus einer tiefen Kenntnis der Sagenliteratur heraus:

„Im religiösen Denken des Germanen stehen der Gott oder die Götter überhaupt nicht im Mittelpunkt. All das, was den Kern des germanischen Bindungsgefühls und damit das Zentrum germanischer Religiosität zu enthalten scheint – es sagt kein Wort von den Göttern. All diese lebenspendenden oder lebenbegrenzenden, kurz also: lebenbeherrschenden Kräfte, die auch für Tat und sittliches Verhalten richtunggebend sind, gehen nicht von den Göttern aus und kehren nicht zu ihnen zurück. Dieser Strom von Kräften kreist vielmehr in einem Gesamtgebilde, das in sich ruht und sich zunächst nicht nach dem Außen und Oben öffnet. Das ist entscheidend für die germanische Religion.“[49]

Im Jahre 2012 gab es übrigens hinsichtlich der personalen geschlechtlichen Einschätzung des Gottesbegriffs ein kurioses Ereignis. Die damalige Bundesfamilienministerin Kristina Schröder erregte massiven Unmut konservativer klerikaler Kreise, als sie öffentlich sinngemäß bemerkte:

„...der Artikel vor dem Wort „Gott“ sei unbedeutsam,

es könne auch „das Gott" heißen. … Es ging nicht um Feminismus, sondern um die Frage, wie man Kindern die Widersprüche erklärt, die sich in der Religionserziehung ergeben, etwa, wie und ab wann man erklärt, „dass man die Bibel nicht wörtlich nehmen kann"[50]

Odin überwältigt Ziu, Irmin und Thor - religiöse Revolutionen der germanischen Religionsgeschichte

Die ganze Auseinandersetzung über das "Wesen" des germanischen Geistes ist natürlich insgeheim von der Idee geprägt, daß es hier eine Aussage gibt, die unendlich tief in die Geschichte hineinreicht.

Das Spannende an einer solchen Anschauung ist das Bild von etwas Unveränderlichem, das damit einhergeht. Das ist insofern seltsam, als alle Prozesse des Werdens und der Veränderung damit in Abrede gestellt oder ignoriert werden. Zumindest sollte man nicht vergessen, dass menschliche Geschichte eine Abfolge von Entwicklungen, Transformationen, Umbrüchen und Neugestaltungen darstellt. Zu schnell tendiert man in der Hoffnung auf ein gesichertes Wissen zu einer Idee von historischer Konsistenz, was zu einem Postulat starrer Formen führt.

Warum sollten die religiösen Positionen der germanischen Stämme im Übergang zwischen Bronzezeit und Eisenzeit nicht radikal anders gewesen sein, als es uns dann in hochmittelalterlichen Texten überliefert wurde?

Betrachten wir in Analogie dazu z.B. den Begriff des Christlichen für das Jahr 1990 und stellen fest, daß ein großer Teil des Christentums im westlichen Mitteleuropa zu diesem Zeitpunkt der Geschichte geprägt war durch den Protestantismus. Der römische Katholizismus und zahlreiche kleinere christliche Kirchen und Gemeinschaften kommen noch dazu.

Das ist ein einfaches religionsgeschichtliches Faktum, um das jeder Interessierte weiß.

Es ist aber zugleich auch klar, daß es eine Zeit in der

Geschichte West-Europas gab, als von einer protestantischen Spielart des Christentums noch keine Rede sein konnte. Älter als 500 Jahre ist sie als theologisches System geschweige denn als Kirchenorganisation nicht. Und wenn wir zurückgehen z.B. ins Jahr 1400, dann ist klar, daß es zu diesem Zeitpunkt in ganz Westeuropa eigentlich nur Katholiken gab – und dass von einem protestantischen Christentum, sei es in lutherischer, calvinistischer oder evangelikaler Spielart noch nicht einmal ansatzweise die Rede sein konnte. 500 Jahre sind angesichts der ungeheuren Zeitspannen der europäischen Vorgeschichte keine lange Zeit.

In diesem Zeitraum, der verglichen mit prähistorischen Zeitepochen als kurzer Atemzug der Geschichte gelten kann, hat sich die gesamte Christenheit und damit auch die Geschichte des europäischen Geistes radikal verwandelt – und zwar so radikal und grundlegend, dass es heute z.T. kaum noch möglich ist, die Denkweise des spätmittelalterlichen Menschen zu verstehen oder sich in ihn hineinzuversetzen.

Wenn wir jetzt an unsere germanischen Stämme denken, so gibt es eigentlich keinen vernünftigen Grund, bei ihnen ähnliche Wandlungsprozesse in bestimmten Zeiträumen in Abrede zu stellen. Sie waren mit den Expansionsgelüsten des römischen Imperiums konfrontiert worden. Sie haben im Nordseeraum eine Klima- und Flutkatastrophe erlebt und sind infolgedessen quer über die Alpen in den Mittelmeerraum gewandert, um eine neue Heimat zu suchen. Dann wurden sie Augenzeugen des Aufstiegs einer neuen Weltreligion und erlebten den Verfall der gesamten urbanen Siedlungsstruktur des Imperium Romanum – mit dem Ergebnis einer zivilisatorischen Regression, die mitunter als finsteres Mittelalter umschrieben wurde. Wie plausibel ist es, anzunehmen, all diese Wandlungsprozesse könnten ohne Einfluß auf ihr religiöses Weltbild geblieben sein?

R. Much fasste den Stand wissenschaftlicher Arbeit zu diesem Thema der Transformabilität folgendermaßen zusammen: „Einen der wesentlichsten Fortschritte der deutschen Mythologie seit der Zeit ihres Begründers bedeutet die Erkenntnis, dass die religiösen Vorstellungen des Heidentums nicht nur nach Stämmen und nach gesellschaftlichen Schichten verschieden, sondern auch zeitlich in fortwährendem Flusse begriffen waren. Und nichts hat diese Erkenntnis so sehr gefördert, als Müllenhoffs Entdeckung, dass Wodan erst infolge einer Umwälzung der Herrscher im germanischen Götterstaate geworden ist an Stelle eines älteren in urgermanischer und vorgermanischer Zeit verehrten Himmelsgottes. Damit war der Punkt gegeben, von dem aus die ganze germanische Götterwelt auf ihre geschichtliche Entwicklung untersucht werden konnte"[51]

Das 13. Jahrhundert war vielleicht ein Zeitpunkt für die Kultur der germanischen Stämme, ein Resümee für eine Gesamtentwicklung zu ziehen, von der wir ja gar nicht genau wissen können, wo deren Anfangsgründe liegen. Dass die Spuren dieses Resümees ein über Jahrhunderte unveränderliches Bild repräsentierten, dafür gibt es keine vernünftigen Gründe.

Dass es in der Geschichte der germanischen Stämme einen gravierenden religionsgeschichtlichen Einschnitt gegeben haben muss, der mindestens so dramatisch war wie der Übergang vom römischen Katholizismus zum Luthertum, und zwar noch in historischer Zeit, dafür gibt es ein weiteres wichtiges Indiz!

Ein dafür deutlich sprechendes Faktum, in welchem sich indogermanische Sprachgeschichte und vergleichende Religionsgeschichte ergänzen, ist der Sonderweg für den Namen des Himmelsgottes in der germanischen Mythologie. Was ist damit gemeint?

Die meisten indogermanischen Kulturen, also die sprach- und kulturgeschichtlichen Verwandten der mitteleuropäischen Germanen verehrten einen höchsten Gott unter dem Namen *deiwos* (idg. Urform), der bei den Griechen *Zeus*, bei den Lateinern *deus*, und bei den alten Indern *dyaus* hieß.

Der verwandte Name in der germanischen Mythologie hingegen ist *Tyr* oder *Ziu*, althochdeutsch *Zio*.[52]

Nun ist allerdings der mythographische Befund eindeutig: Tyr spielt in der Eddamythologie nur noch eine nebensächliche Rolle als Sohn Odins und Gott des Krieges, während Odin die Rolle eines höchsten Gottes einnimmt. Aber: „Noch im 6. Jahrhundert wurde in Norwegen dem *Tiuz* vor allen anderen Göttern geopfert (Menschen- und Tieropfer), und er wurde als höchster Gott verehrt."[53]

Von de Vries erfahren wir dazu: „Tyr ist in der skandinavischen Götterwelt stark in den Hintergrund gedrängt worden. Er war aber noch in der römischen Zeit bei den Germanen am Niederrhein eine der bedeutendsten Gestalten und geht auf die ehrwürdige indogermanische Gestalt des alten Himmelsgottes zurück, ganz wie der griechische Zeus pater, der indische Dyaus pita und der römische Juppiter.“[54]

Simek weist uns auf Folgendes hin: „...allerdings muß er einmal eine bedeutendere Rolle gespielt haben, wie aus dem Plural seines Namens, nämlich tivar „Götter" hervorgeht, sowie aus der Tatsache, daß in der Skaldendichtung sein Name als Grundwort in Kenningar für andere Götter, besonders Odin, verwendet werden konnte; dies beweist, daß sein Name ursprünglich, aber auch noch in der Wikingerzeit, „Gott" schlechthin bedeuten konnte.“[55]

Simek untermauert Tyrs Bedeutung noch dadurch, daß er theophore Ortsnamen in Dänemark und Norwegen erwähnt, die eine weitläufige Verehrung des Gottes belegen.

Hier hat also eine Verdrängung, bzw. eine totale Umschichtung und Umwertung der zentralen Gottesidee stattgefunden. Alles deutet darauf hin, daß die Geschichten aus der Heimskringla und der Gesta Danorum, wo über eine relativ späte Einwanderung Odins berichtet wird, auf einen historischen Kern zurückgehen. Die These, daß die germanischen Stämme erst in der Völkerwanderungszeit zu einem Odinskult übergegangen sind, wurde bereits von Otto Höfler und Karl Helm vertreten. Aber sie blieb in der Forschung umstritten: Schließlich würde daraus ein nachhaltiges historisches Werturteil hinsichtlich der Eddatexte und deren prähistorischer Tiefendimension folgen!

Worin aber bestand der radikale Umbruch, den man hier diagnostizieren kann?

Man wird der Antwort wohl nur auf die Spur kommen, wenn man versucht, die Wesenszüge beider Gottheitsgestalten zu erfassen und vielleicht ansatzweise zu vergleichen.

Bei diesem älteren indoeuropäischen Himmelsgott, dessen Namen wir noch bei den hinduistischen und buddhistischen *Devas* wiederfinden, gibt es eine Beziehung zur himmlischen Erhabenheit. Dieser Gott hat etwas Unirdisches, damit etwas Geistiges, aber im Sinne von etwas Jenseitigem im Verhältnis zu dem, was auf der Erdoberfläche vor sich geht. Die Unendlichkeit, Allgegenwart und Größe des Himmels verkörpert er. Es ist eine Größe jenseits von allem, was wir unter begrenzter Form verstehen.

Zugleich aber galt dieser Gott als ein Pendant zu dem anderen Pol des Weltganzen, nämlich der Erdgöttin. Das Leben im Kosmos beruht ja gerade auf der Spannung zwischen diesen beiden Polen und ihrer gegenseitigen Ergänzung.[56]

An einer Stelle der Sämundar-Edda, dem Sigrdrifu-mal werden wir Zeugen eines seltenen Vorgangs in jenen Texten, wir dürfen einer sakralen Hymne lauschen, in der die kosmische Polarität in eine mythische Struktur gefügt wird. Die Walküre Sigdrifa spricht, nachdem sie Sigurd aus einem magischen Schlaf erweckte, in den sie von Odin versetzt worden war:

Heil Tag!
Heil Tagsöhne!
Heil Nacht und Nachtkind!
Mit holden Augen schaut her auf uns
und gebt uns Sitzenden Sieg!

Heil Asen!
Heil Asinnnen!
Heil fruchtschwere Flur!
Rat und Rede gebt uns Ruhmreichen zwein
und Heilkraft den Händen stets![57]

Etwas von der unglaublichen Unbedingtheit dieses Gottes lebt im eddischen Mythos noch fort: Er erzählt, wie Tyr seine rechte Hand opfert, um den Fenriswolf zu fesseln, das Sinnbild des ungeheuer Bösen und Bedrohlichen.

Odin hingegen ist der große Umhergetriebene. Er steckt voller List und abgründigem Wissen, magische und schamanische Künste bringt er zum Einsatz. Er gilt aber auch als verschlagen, und er heizt den Krieg an, um

Menschen den Tod zu bringen, die er dann im großen Krieg der Endzeit einzusetzen vermag. Durchtriebenheit und Beredsamkeit verschaffen ihm Macht über Menschen, die ihn als gegenwärtig imaginieren im winterlich brausenden Sturm als wilder Jäger.

Mircea Eliade spricht lapidar vom imperialistischen Charakter Odins, unter dem er „seine Neigung, sich Funktionen und Attribute anderer Gottheiten anzueignen" versteht.[58]

Es wird selbst in der germanischen Überlieferung eine Distanz deutlich, die de Vries dokumentarisch auf den Punkt bringt: „Der Dichter der Völuspa hat die Daseinsberechtigung der Odhinswelt verneint. Er hat zwar dem einäugigen Gotte, der dem Untergang mit seinem trotzigen Willen entgegenschreitet, seine Bewunderung nicht versagen können, aber an ihn geglaubt hat er nicht mehr."[59]

Dieser Gott, der das Militante mit dem Metaphysischen verbindet, ist ganz offenbar der Gott der Völkerwanderungszeit, ihrer kriegerischen Männerbünde und ihrer ungewissen Schicksalshaftigkeit. Man fühlt sich unwillkürlich an Karl den Großen erinnert, aber auch an die elitäre Soldatenreligion des Mithraskultes. Auch jene Heiligen des frühen Mittelalters wie Martin und Mauritius und ihre soldatische Biographie fallen ins Auge. Diese Parallelität ist ebenso prägnant, wie die Bedeutsamkeit des Kultes um den Erzengel St. Michael.

Die verblüffendste Koinzidenz ist aber sicher die Ähnlichkeit der Jenseitsvorstellungen, die wir zwischen der Walhallidee und dem Paradies des Islam ausmachen können. So heisst es in der 56. Sure des Koran, Verse 10 – 38:

„...ja die Vorausgeeilten, das sind diejenigen, die (Allah) nahegestellt sein werden, in den Gärten der Wonne,

... auf (mit Gold) durchwobenen Liegen lehnen sie sich darauf einander gegenüber. Unter ihnen gehen ewig junge Knaben umher mit Trinkschalen und Krügen und einem Becher aus einem Quell -, von ihm bekommen sie weder Kopfschmerzen noch werden sie dadurch benommen, - und (mit) Früchten von dem, was sie sich auswählen, und Fleisch von Geflügel von dem, was sie begehren. Und (darin sind) Huris mit schönen, großen Augen, gleich wohlverwahrten Perlen. (Dies) als Lohn für das, was sie zu tun pflegten. Weder hören sie darin unbedachte Rede noch Anklage der Sünde, sondern nur den Ausspruch: „Frieden! Frieden!"

Und die Gefährten der rechten Seite - was sind die Gefährten von der rechten Seite? (Sie sind) unter dornenlosen Sidr-Bäumen und dichtgeschichteten Mimosen und langgestrecktem Schatten, (an) sich ergießendem Wasser, (bei) vielen Früchten, die weder unterbrochen noch verwehrt sind, und (auf) erhöhten Ruhebetten. Wir haben sie[60] derart entstehen lassen und sie zu Jungfrauen gemacht, liebevoll und gleichaltrig, für die Gefährten der rechten Seite."[61]

„Noch sind andere weibliche Wesen, die in Walhall Dienste thun. Sie reichen den Trank herum und reihen das Tischgerät und die Bierkrüge in ihrer Obhut. So werden sie in den Grimnismal genannt (Grimn. 36):

'Hrist und Mist   sollen das Horn mir bringen,
Skeggold und Skogul dazu,
Hlokk und Herfjotur,   Hild und Thrud,
Geirolul und Goll,
Randgrid und Radgrid   und Reginleif
bringen den Einheriern Bier.'

Diese Jungfrauen heissen Walküren. Odin sendet sie

in die Schlacht, und dort wählen sie die Männer aus, die
dem Tode erliegen sollen, und verleihen den Sieg. Gud
und Rosta und die jüngste Norne, welche Skuld heißt,
reiten immer, um diejenigen, die fallen sollen, auszu-
wählen, und über den Sieg zu entscheiden."[62]

„Was hat denn Odin so vielem Volke zur Speise zu
bieten, wenn alle die Männer zu ihm kommen, die durch
Waffen gefällt sind? … Eine große Schar ist allerdings
dort versammelt, doch wird sie nicht zu zahlreich scheinen, wenn der Wolf naht. So viele aber auch da sind, so
wird dennoch das Fleisch des Ebers, der Sährimnir
heißt, nicht aufgezehrt. Er wird täglich gesotten und ist
doch am Abend wieder heil; wenige aber werden dir sagen können, wie das zugeht."[63]

Eine umfassende kulinarische Betreuung mit Fleisch-
gerichten und Alkohol, kredenzt von Jungfrauen – zur
umfassenden Erholung kriegerischer Männer, denen der
Lohn für ihren kriegerischen Einsatz zuteil wird. Ein
Lohn für die Märtyrer des Kampfes. Ist das nicht eine
harmonische Resonanz zwischen Odin und Allah?

Dieser äußerst seltsame Zusammenhang ließe sich
noch weiter vertiefen, wenn wir bedenken, daß der germanische Stamm der Vandalen, die ein Königreich in
Nordafrika begründeten, Wodan als besondere Stam-
mesgottheit verehrten.[64] Das von ihnen beherrschte Gebiet Karthagos wird rund 170 Jahre nach ihrem Untergang zum Aufmarschgebiet des expandierenden Islam!

Ob man Odin-Wodan als essentiell germanisch empfindet oder ihn in der Kultur dieser Stämme als Ein-
bruch von etwas Fremdem empfindet, richtet sich nach
den persönlichen Wertschätzungen: Betrachtet man das
Ekstatisch-Ungestüme als typisch germanisch oder das
Kontemplativ -Transzendente?

Klar ist aber eins, dass dieser Odin in besonderer

Weise die Vielfalt des Götterhimmels widerspiegelt, also die Auseinandersetzungen des Partikulären, während der ursprüngliche Himmelsgott eher einen Charakter aufweist, der das Kosmische im Sinne einer grossen Einheit beinhaltet.

Eine solche Gottesidee hat aber vermutlich noch weitere Spuren hinterlassen. In seiner Geschichte der Sachsen erwähnt Widukind von Corvey einen Gott *Hirmin*, den er mit dem römischen Mars gleichsetzt. Dieser Name taucht in etwas anderer Form auch in weiteren Texten auf, im Hildebrandslied beispielsweise als *Irmingot* bzw. *Irmindeot*. Zwar stellt die Forschung heute die Deutung von *Irmin* als Name eines eigenständigen Gottes in Abrede, weil man darin lediglich einen Versuch Widukinds von Corvey erblickt, seine Gelehrsamkeit unter Beweis zu stellen.

Es ergibt sich aber ein weiterer seltsamer Zusammenhang mit der Irminsul, jener heiligen Säule, die die Sachsen als Kultidol errichtet haben sollen. Simek[65] bleibt zwar bei der Deutung von Irmin als bloßem Adjektiv im Sinne von „groß, gewaltig". Insofern wäre auch die Kultsäule der Sachsen, die Irminsul, als „gewaltige Säule" zu deuten. Zugleich weist er aber darauf hin, daß die Irminsul einen weiteren Beleg für die kultische Verwendung einer Weltsäule darstellt, deren gesamtgermanische Verbreitung Jan de Vries festgestellt hat.

Hier stellt Simek eine Querverbindung zur Eddamythologie her: Darin wird von einer „Weltenesche" namens Yggdrasil berichtet. Ihre Besonderheit besteht darin, dass sie die ganze Welt durchdringt, ihre Wurzeln und Zweige zu den Göttern, Riesen, Schicksalsgöttinnen und Menschen erstreckt. Hier liegt also die Vorstellung zugrunde, daß der Kosmos von einem großen, allumfassenden lebenden Wesen pflanzlicher Natur durchdrungen ist.

Abb.5: Irminsuldarstellung aus der Stiftskirche Obermarsberg (Aufschrift: „Nachbildung einer Irmensul - Gefunden 1938 bei Anlage eines Schiessplatzes in 1Mtr. Tiefe")

Wie der weltweit verbreitete Baumkult zeigt, dürfte es sich auch hier um eine sehr alte Vorstellung handeln. Sie ist fast überall damit verbunden, dass der Baum ein Gott oder ein Mensch ist.[66]

Selbst neuzeitlich bleibt ein solches Bild von der Welt denk- oder vorstellbar, wie ein Auszug aus den *Gesprächen über Natürliche Religion* des englischen Philosophen David Hume von 1779 zeigt: „Die Welt ähnelt einem Tier oder einer Pflanze offensichtlich mehr als einer Uhr oder einem Webstuhl. Es ist also wahrscheinlicher, dass der Ursprung der Welt dem Ursprunge von Tier oder Pflanze ähnelt. ... Daraus können wir schließen, dass der Ursprung der Welt etwas ist, was

70

Zeugung oder Wachstum ähnlich oder analog ist."[67]
Die Beziehung zwischen Odin und Tyr/Ziu stellt hingegen nicht die einzige Bruchstelle dar, die die Religionsgeschichte der Germanen an mythographischen und kulturgeschichtlichen Indizien hinterlassen hat.

Abb. 6: Relief aus der Stiftskirche Obermarsberg

Abb. 7

Abb. 8

Abb. 9

Abb. 10

Abb. 11

Abb. 7 – 11: Romanische Weltbaumsymbolik von Kapitellen
der Godehard-Basilika, Hildesheim (1133 – 1172)

Ein anderes bedeutendes Spannungsfeld tut sich auf
zwischen Odin und Thor!

Beide werden nämlich an mehr als einer Stelle als
Kontrahenten dargestellt, am deutlichsten im eddischen
Harbardslied. Obwohl Odin als oberster Gott des germanischen Pantheons betrachtet wird, ist Thor immer dann
gefragt, wenn für die Götter eine existenzielle Gefahr
auftritt. In diesen Situationen wenden sich die anderen
Götter hilfesuchend an ihn. Und es gibt eine sozialge-
schichtliche Zuweisung, in der Odin als Gott der Könige und Kriegerbünde betrachtet wird, während Thor als
ein Gott des Volkes und der einfachen Bauern gilt.[68]

Hier befinden wir uns wieder auf vermintem Gelände, weil diese soziologische Betrachtung in der völkischen Bewegung der Zwanziger Jahre des 20. Jhdts. zu
einer bestimmten Positionierung führte: Sie führte bei
einzelnen neuheidnischen Aktivisten, die sich dem Einsatz für die vom Nationalsozialismus vereinnahmten
Bauern und Arbeiter verschrieben hatten, zu einer Par-
teinahme für Thor: Das beinhaltete einen Affekt gegen

74

die preußische Feudaladelskaste, die man vorgeschichtlich mit Odin identifizierte.[69]

Trotz dieses zeitgeschichtlichen Geplänkels ist nicht von der Hand zu weisen, daß sich in der Differenz zwischen Odin und Thor tatsächlich historische Geschehnisse niederschlagen, die an eine Auseinandersetzung zwischen sesshaften germanischen Bauern und östlichen Reiterheeren aus dem russisch-innerasiatischen Raum erinnern.[70]

Den Überlegungen, die sich an derartige Differenzen knüpfen, ermangeln ja tatsächlich nicht der Aktualität. Die Frage, inwiefern religiöse Ideen die Prinzipien von Freiheit, Autonomie, Ausbeutung und gesellschaftlicher Autorität bevorteilen oder auch zum Gegenstand eines kritischen Diskurses machen, ist ein dauerhaftes Thema theologischer Diskussionen. Sowohl die Verteidigung von Sklaverei und "Obrigkeit" in den Paulusbriefen, als auch der Affront gegen Habgier und Ausbeutung in den Evangelien und bei den Propheten des Alten Testaments zeigen eines deutlich: Die unaufhebbare Durchdringung von Religiosität und politischer Grundeinstellung.

Die Geschehnisse des Deutschen Bauernkrieges zu Beginn des 16. Jhdts. zeigen, dass auch religiöse Auseinandersetzungen jederzeit in einen Klassenkampf umschlagen können, wenn die ökonomischen Widersprüche ausreichend spannungsgeladen sind.

Wenn man sich aber die Frage stellt, ob Thor ursprünglich über eine dominante Funktion im germanischen Pantheon verfügte, die ihm Odin später streitig machte, gibt es als Antwort noch gewichtigere Gründe: Der Donnerstag als Wochentag ist in der römischen Kultur dem Gott Jupiter (griech. Zeus) als Oberhaupt und Vater der Götter zugeordnet. Die sogenannte *Interpretatio germanica* führte zur Identifizierung mit Thor:

Donnerstag als Tag des "Donnerers"![71] Diese Zuordnung, die ja irgendwann in der Spätantike geschehen sein muß, zeigt die Bewertung und Hochschätzung Thors mindestens im kontinentalgermanischen Einflußbereich des Römertums. Dazu passt es gut, daß Thor nach Simek auch alle möglichen Parallelen zu dem indischen Gott Indra aufzuweisen hat, der im Hinduismus als König der Götter figuriert.[72]

Arianer - südgermanische Stämme: Christlich aus eigenem Antrieb

Wagen wir es, bei unserem Versuch einer Annäherung an die religionsgeschichtliche Realität, nicht nur Indizien nachzugehen, sondern in die Realgeschichte selbst vorzustoßen.

Richten wir den Blick aus einer größeren Perspektive auf die germanischen Stammeskulturen, gewissermaßen aus einer globalen Betrachtungsweise heraus.

Wir hatten ja schon bei der Betrachtung der Eddatexte festgestellt, dass es nur ein ganz kleines Areal der germanischen Stammeskultur war, die dieses Stück mythographische Literatur hervorgebracht hat: Die altisländische Kultur. Ergänzende Erzählungen wie die Sagas informieren uns dann noch über Vorstellungen, wie sie in Norwegen bestanden, dem ursprünglichen Herkunftsland der späteren isländischen Bevölkerung.

Auch den Religionswissenschaftlern ist klar, dass diese nordgermanischen Überlieferungen nicht einfach auf die kontinentalgermanischen Stämme übertragen werden dürfen, für die uns keine gleichwertigen Quellen zur Verfügung stehen.

Und das wird erst recht gelten müssen für jene Stämme, die sich südlich der Alpen bewegten. Hier nämlich werden wir damit konfrontiert, daß sich diese Stämme wie Goten, Langobarden, Burgunder und Vandalen schon sehr früh dem Christentum zuwandten.

Spätestens mit der Übersetzung der Bibel ins Gotische durch den westgotischen arianischen Bischof Wulfila (311 – 383) um das Jahr 350 kann man von einer spezifischen Präsenz des Christlichen in der germanischen Stammeskultur zumindest südlich der Alpen sprechen.

Auf dem Konzil von Nicäa im Jahre 325 war die Christologie des Presbyters Arius von Alexandria zur Häresie erklärt worden. Aber die erwähnten Stämme hielten noch bis zum 6./7. Jhdt. an der Lehre des Arius fest!

„Mit Ausnahme der Franken, die an der Wende vom fünften zum sechsten Jahrhundert in Gallien das Christentum in seiner „katholischen" (nizänischen) Form annahmen, haben alle anderen im Laufe der Völkerwanderung in das Imperium Romanum eindringenden, hier siedelnden und dann eigene Reiche bildenden gentilen Gruppen, die von den römischen Zeitgenossen und der spätantiken Geschichtsschreibung als Germanen bezeichnet wurden, das Christentum in der Form dieses „Arianismus" vermutlich durch gotische Vermittlung angenommen."[73]

Zuallererst verschwand der Arianismus bei den Burgundern im Jahre 516, deren Königreich damals im Bereich der heutigen Schweiz und Frankreichs lag. Die Sweben im Bereich des heutigen Portugal gaben ihren Arianismus erst im Jahre 561 auf, die im heutigen Spanien siedelnden Westgoten 589. Das langobardische Italien trennt sich erst mit dem Tode seines Königs Rothari (652) endgültig vom Arianismus. Und das arianische Reich der Vandalen in Nordafrika geht im Jahre 534 unter.

Wir müssen uns nun vergegenwärtigen, worin die arianische Lehre im Wesentlichen bestand, um zu erfassen, inwiefern es sich bei dieser Art von Christentum um etwas spezifisch Germanisches handeln könnte. Fest steht, dass es extrem komplizierte und vielschichtige Positionen zu der Frage nach der wahren Natur Jesu Christi gab, die von den Kirchenvätern diskutiert wurden.

Wenn man die Diskussion zur Frage nach der „Häresie" des Arius stark vereinfacht, kann man sagen: Arius war im Gegensatz zu seinem Kollegen Athanasius der Auffassung, daß Jesus *gottähnlich* war und nicht *gottgleich*. Athanasius und alle späteren kirchlichen Dogmatiker bis hin zu den modernen protestantischen Konfessionen postulieren eine Wesensgleichheit Jesu Christi mit Gott selbst![74]

Wir verfügen hier nicht über ausreichend Zeit und Raum, um die spitzfindigen theologischen Details dieser Diskussion wiederzugeben. Wie könnte man die hier angedeutete Kontroverse in substanzieller Weise auf den Punkt bringen, um sie verständlicher zu machen?

Versuchen wir uns zu verdeutlichen, welches Gottesbild man zugrunde legen müsste, wenn man bereit wäre, der arianischen Idee zuzustimmen. Die Vorstellung, dass Gott ein allumfassendes, allwissendes, das ganze Universum durchdringendes und allen Manifestationen des Lebendigen zugrundeliegendes Wesen ist, schließt die Begrenztheit einer menschenförmigen, persönlichen Gestalthaftigkeit eigentlich aus. Ein vereinzeltes, menschengestaltiges Wesen, das etwas Gewordenes verkörpert (gezeugt und geboren), könnte stets nur einen winzigen Teil der Gesamtheit des Lebendigen im Kosmos darstellen – so wie jedes Tier, jede Pflanze, wie jeder andere Mensch in der Geschichte der Menschheit.

Der Begriff der Ähnlichkeit in dem Sinne, dass ein besonders hochentwickelter Mensch auf das Göttliche verweist, erscheint in diesem Kontext hingegen verständlich.

Die Idee der Wesensgleichheit eines derartigen konkreten einzelnen Menschen mit der Gottheit in ihrer ganzen Fülle hingegen erschiene uns unangemessen und irreal.

Die Konsequenz eines derartigen Jesusbildes würde darin bestehen, Jesus als Vorbild oder Leitbild für das eigene Streben nach Vergöttlichung zu betrachten, aber nicht als Gegenstand der Anbetung.

Tatsächlich gibt es einen theologischen Klassiker, der diese Differenzierung andeutet: Es ist Dionysius Areopagita in seinem Buch über die Engelhierarchien, entstanden ungefähr um das Jahr 500. Darin scheibt er:

„Sogar den Namen „Götter" legt die Schrift den Engeln und den heiligen Männern bei, obschon die Gottheit über alles Geschaffene erhaben ist. Trotzdem kann auch das geschaffene Wesen, welches zu möglichster Einigung mit Gott sich erhebt, den Gottesnamen tragen. Du wirst aber finden, daß die Offenbarung sowohl die himmlischen, uns überragenden Wesen wie die heiligen Männer unter uns, welche die größte Gottesliebe besitzen, auch „Götter" nennt, obschon doch die urgöttliche Heimlichkeit überwesentlich über alles entrückt und erhaben ist und nichts von den geschaffenen Dingen im eigentlichen und vollen Sinne als ihr gleichend bezeichnet werden kann. Gleichwohl ist alles, was in der geistigen und vernünftigen Welt nach Kräften zur Einigung mit ihr sich vollständig hingewendet hat und zu ihren göttlichen Einstrahlungen nach Möglichkeit sich unaufhörlich erhebt, auf Grund der nach ganzer Kraft erstrebten Nachahmung Gottes, wenn man so sagen darf, auch des göttlichen Namens gewürdigt."[75]

Stiglmayr weist ausdrücklich darauf hin, in welchem Ausmaß auch in dieser Zeit noch neuplatonisches Gedankengut in die christliche Theologie hineinwirkt. Aber das ändert sich im Laufe einer Entwicklung, die den dualistischen Prämissen einer lateinischen Staatskirche immer mehr Raum gibt. Man denke an die manichäische Vorgeschichte von Augustinus, um den Ursachen auf die Spur zu kommen.

Wenn wir die weitere Entwicklungsgeschichte des Christentums bis hin zum römisch-katholischen Papsttum betrachten, wird eigentlich klar, warum die herrschenden Schichten innerhalb des zur römischen Staatskirche mutierenden Christentums Arius bekämpften:

Da sich der Papst als Stellvertreter Jesu Christi und damit der göttlichen Majestät selbst auf Erden inszenierte, nahm er für sich göttliche Ehren in Anspruch. Der Stellvertretungsanspruch gewährleistete nur seine eigene Vergöttlichung und degradierte die Gläubigen seiner Kirche zu Anhängern einer anthropomorphen Idolatrie. Die Transzendenz des Gottesbildes geht damit verloren: Je stärker das Papsttum wird und kunstgeschichtlich klar feststellbar seit dem 10. Jahrhundert wird Gottvater immer konsequenter als Mensch dargestellt, konkret als alter Mann.

Dies ist kein Weg, um Menschen den individuellen Weg zur Vergöttlichung zu weisen, aber es ist ein System, mit dem man Herrschaft über Menschen immer stärker verfestigen kann, indem man sie der Unmündigkeit ausliefert. Die Gottesidee wird zu einer bloßen Projektion der Vaterimago!

Man kann sich insofern vorstellen, daß das athanasianische Glaubensbekenntnis in einem Konflikt stand mit dem germanischen Freiheitsbedürfnis. Aber es würde dann auch verdeutlichen, daß der arianische Gottesbegriff geprägt war durch das Prinzip der kosmischen Transzendenz.

Um überhaupt die Rolle der Arianer für die Geschichte des Christentums zu würdigen, muß man sich die chronologische Dimension ins Gedächtnis rufen. Die arianische Version des Christentums war im Mittelmeerraum vom Jahre 318 an mindestens 350 Jahre lang präsent – also eine in etwa unwesentlich kürzere Zeitspanne, wie das protestantische Christentum in der westlichen Welt der Gegenwart!

Abb. 12 Die arianischen Reiche der Spätantike
im mediterranen Raum - Karte aus:
Putzgers Historischer Schul-Atlas, Bielefeld - Leipzig 1916

Die Verdammung des Arianismus als Häresie auf dem Konzil von Nicäa 325 war zudem ein machtpolitischer Akt, initiiert durch den Kaiser Konstantin.

Und die germanischen Stämme ließen sich auch dadurch nicht davon abbringen, noch weitere 300 Jahre an ihrem Glauben festzuhalten. Durch den Sieg der „Kirche des heiligen Petrus" bekam das Christentum mit seiner römisch-katholischen Prägung einen völlig anderen Charakter, der sich nicht nur auf die Missionierung

Nord- und Mitteleuropas auswirkte.

Statt einen Weg zur Vergöttlichung zu weisen, dominierten Idolatrie als Kult göttlich verehrter Personen und eine damit verbundene Leidensmystik.

Um das einmal in Ruhe abzuwägen, braucht man nur die besondere Dominanz der Kreuzigungsdarstellungen im nördlichen Mitteleuropa zu vergleichen mit der Ikonographie im Orthodox-byzantinischen Raum, in der das Bild der Auferstehung überwiegt.

Worauf es uns aber ankommt, ist schließlich die Bedeutung des arianischen Christentums für die germanische Kultur im Ganzen. Während es sich bei der polytheistischen Eddamythologie nur um eine regional verbreitete Vorstellungswelt des Hochmittelalters handelt, sind die germanischen Kulturen Südeuropas und eines Teils des westlichen Mitteleuropas anders orientiert: Sie sind, historisch belegt durch zahlreiche Chroniken, nicht nur durch eine singuläre belletristisch-literarische Quelle, Anhänger eines Christentums, das von der römisch-katholischen Kirche als häretisch abqualifiziert wurde!

Sie sind Anhänger einer Religion, die ein übersinnliches und zugleich übermenschliches Gottesverständnis besaß. Zugleich diente ihnen Jesus als Vorbild und Vorläufer einer spirituellen Entwicklung, die sie selbst vollziehen konnten: In ähnlicher Weise, wie Buddha den Strebenden seiner Gemeinde ein Vorbild war.

Vermutlich fassten sie Jesus als einen Menschen auf, der die ihm Begegnenden darauf hinwies, es ihm in der Wahrnehmung der eigenen Gottdurchdrungenheit gleichzutun. *Das* war die Rede vom "Reich Gottes".

Eine Idolatrie, bei der sich Menschen unterwerfen, um sich einem übermächtigen Gott auszuliefern, war für sie nicht denkbar.

Um diese Zusammenhänge aufzuarbeiten, wäre es erst einmal notwendig, vorhandene explizit in germanischen Sprachen verfasste Texte zu analysieren und auf spezifisch germanische Vorstellungen hin zu prüfen: Zur Verfügung stehen hier nicht nur die gotische Bibel des Wulfila aus dem 4. Jhdt.[76], sondern auch der altsächsische Heliand aus dem 9. Jhdt.![77]

Ein schönes Beispiel für die Verschränkung germanisch-heidnischen und christlichen Denkens beschreibt Grönbech anhand des Wortes *Blot* [78] bei den Goten:

„Seine latente Inbrunst spürt man, wenn man beobachtet, wie es der Erfahrung des Christentums dient. Die meisten Stämme schafften es ab, da es viel zu stark mit alten Vorstellungen und Gefühlen durchtränkt war; aber die Goten stellten es in den Dienst des neuen Gottes, indem sie das Verbum *blotan* für die Verehrung Gottes durch einen heiligen Körper, der Gott gefällig war, verwandten und es auf Anna bezogen, auf die Prophetin, die mit Fasten und Beten Nacht und Tag Gott diente, und auf die heiligen Anbeter Gottes, die seinen Willen tun."[79]

Wie wir bereits schmerzlich feststellen mussten, ist die religiöse Überlieferung der germanischen Stämme lückenhaft. Anhand der vorgelegten Indizien können wir nur mutmaßen, wie die Struktur ihrer Vorstellung von Transzendenz ungefähr beschaffen war.

Offenbar gab es einen Kult männlicher und weiblicher menschengestaltiger Wesenheiten.

Diese waren Teil der administrativen und sakralen Oberschicht und standen wahrscheinlich in dem Ruf, selbst göttlich zu sein oder den Göttern nahe zu stehen und nach ihrem Ableben zu Göttern aufzusteigen.

Darüber hinaus gab es z.T. orts- und stammesgebundene sowie in bestimmten Naturreichen wirkende Gottheiten, deren Verehrung stark lokal verbreitet war.

Schließlich aber stellte man sich jene Gottheiten vor als inspiriert und hervorgebracht durch kosmisch allumfassende androgyne Wesenheiten, die weder Entstehen noch Vergehen unterworfen waren. Diese hatten den Charakter von Wesen, die etwas uranfänglich in Bewegung setzten mit einer Folgewirksamkeit im Verhältnis zu nachgeordneten Wesen einer unteren Kategorie.

Gott und die Götter - die heidnische platonische Theosophie als Lösung

Gibt es historisch irgend ein Modell, in dem ein derartiges Gefüge der Abstufung des Transzendenten konkret beschrieben wurde?

Da werden wir nicht an Platon (428 - 348) vorbeikommen, der eine Reihe kurioser Bezüge in der historischen Wirkung seines philosophischen Konzeptes verbindet.

Zum Einen ist ja unstrittig, daß Platon heidnisch war. Er war also weder im Judentum noch im Christentum verwurzelt (das ja zu seiner Zeit noch gar nicht existierte).

Der kulturelle Saatgrund, aus dem sich Platons Geist erhob, war die Kultur der Griechen des ersten vorchristlichen Jahrtausends. Zugleich aber ist sein Name verbunden mit dem Beginn der Geschichte der Philosophie. Und darüber hinaus war er nicht nur bei Muslimen sondern auch im „christlichen Mittelalter" eine maßgebliche Inspirationsquelle kirchlicher Theologen.

Umso bedauerlicher erscheint es mir, daß sein moderates und zutiefst ausgewogenes Gotteskonzept so wenig im Bewußtsein der spirituell interessierten Menschen der heutigen westlichen Welt präsent ist. Was verrät uns Platon nun im Timaios-Dialog über seinen „Gottesbegriff"?

An den Anfang seiner Bilderfolge über die Entstehung und Entwicklung des Kosmos setzt er eine Instanz, die er als "Urheber", "Vater", "Werkmeister" oder auch "Ordner" des Weltalls und des Weltganzen umschreibt. Platon vertritt also im Grunde genommen die Idee eines Schöpfergottes, der zwar personalen Charakter hat, aber zugleich aus einer geheimnisvollen Verborgenheit heraus agiert.

In der nächsten Abstufung seines Weltentstehungsmythos wird dann aber der Kosmos selbst zu einem göttlichen Wesen: "Diese ganze Schlussfolge des immer seienden Gottes in Bezug auf den sein werdenden Gott ließ ihn denselben glatt und ebenmäßig und vom Mittelpunkte aus nach allen Richtungen gleich, als ein Ganzes und einen vollkommenen, aus vollkommenen Körpern bestehenden Körper gestalten. Indem er aber seiner Mitte die Seele einpflanzte, ließ er diese das Ganze durchdringen und auch noch von außen her den Körper umgeben und bildete den einen, alleinigen, einzigen Himmel, einen im Kreise sich drehenden Kreis, vermögend, durch eigene Kraft sich selbst zu befruchten, und keines andern bedürftig, sondern sich selbst zur Genüge bekannt und befreundet; so erzeugte er ihn als einen durch dieses alles seligen Gott."[80]

Es gibt also in diesem Konzept einen Gott erster Ordnung, der Unbekannte, Verborgene, sowie in der Folge gewissermaßen eine Gottheit zweiter Ordnung, die die Welt in ihrer sichtbaren Verkörperung darstellt, so wie sie uns vertraut ist.

Als nächstes wird die Hervorbringung der Planeten beschrieben, die gleichfalls als lebende Wesen bezeichnet werden und die eine besondere Rolle für die Entstehung der Zeit spielen, die Platon als Ausdruck kosmischer Rhythmen betrachtet.

In der Folge gestaltet der "Urgott" die "sichtbaren und entstandenen Götter" aus dem Feuerelement, "lebende Wesen göttlicher Art und unvergänglich", die die Fixsterne verkörpern und sich in Reigentänzen um die Erde bewegen. Die Erde nennt Platon "die erste und ehrwürdigste der innerhalb des Himmels erzeugten Götter".

Erst jetzt kommt der Zeitpunkt, an dem Platon die

"übrigen Götter"[81] zur Entstehung kommen lässt, wie z.B. Gaia, Uranos, Kronos, Rhea, Zeus und Hera. All diese aus der Theogonie des Hesiod oder den Metamorphosen des Ovid bekannten Gottheiten betrachtet Platon zwar als welt- und menschengestaltende Wesen von großer Bedeutung.

Und dennoch bewegen sie sich eigentlich erst auf einer Stufe vierter Ordnung des "Göttlichen", also auf einer letztmöglichen Abstufung.

Schließlich tritt der ursprüngliche Gott in wörtlicher Rede an alle "sichtbaren" und die zuletzt hervorgebrachten Gottheiten heran und erteilt ihnen einen Auftrag: Er fordert sie auf, die Menschen ins Leben zu rufen: "...wendet Ihr Euch, Euerm Wesen nach, zur Hervorbringung der lebenden Geschöpfe und sucht die von mir bei Eurer Erzeugung bewiesene Schöpferkraft nachzuahmen."[82]

Ich finde, dass es sich hier um ein geniales Modell, eine großartige verbindende Schau handelt, die die Widersprüche zwischen Monotheismus und Polytheismus auflöst, indem ein wechselseitiges aufeinander Bezogensein dargestellt wird.

Und sofort wird damit auch klar, was in der Darstellung der germanischen Mythologie fehlt oder vorausgesetzt werden muss - wenn man unterstellt, daß Platons Darlegungen nicht nur philosophische Spekulationen sondern Ausdruck einer vertieften Weltwahrnehmung sind!

Unter der Prämisse des hier skizzierten Modells lässt sich nicht nur das christliche System mit Engeln und Erzengeln einordnen. Auch die Hindumythologie samt der mythographischen Basis des Buddhismus ergibt damit einen tieferen Sinn. Der Einsicht, daß die Wirklichkeit unserer Welt nur verständlich wird, wenn man ihre

Beschaffenheit aus einer Perspektive mit mehreren aufeinander bezogenen Ebenen im Kontext einer Stufenfolge betrachtet, wird mit diesem Modell in vollem Maße Rechnung getragen.

Zugleich verschwindet damit aber auch die widerspruchsorientierte Gegenüberstellung von Christentum und Heidentum, von Monotheismus und Polytheismus: Beide, je für sich betrachtet, verfügen bedauerlicherweise nur über eine Sicht von fragmentarischer Natur. Jeder von beiden hat nur einen Teil der übersinnlichen Wirklichkeit ins Auge gefasst, ohne das Ganze zu sehen.

Vielleicht ist alles aber auch ganz anders: Okkulte Überlegungen zur Theogonie

Die Idee, dass verschiedene Geschlechter und Typen von Gottheiten aufeinander folgen, einander ablösen und damit an einer Evolution des Göttlichen teilnehmen: Diese Vorstellung nimmt in der Theogonie des Hesiod in lebendiger Weise Gestalt an.[83] Das bereits im 7. Jhdt. v. Chr. entstandene Werk verbindet Wesen und Entwicklung der Gottheiten mit den Gesetzmäßigkeiten von Entstehen und Vergehen, von Fortpflanzung, Machtstreben, Überwältigung und Untergang.

Betrachtet man die wie selbstverständliche Vorstellung des westlichen christlich geprägten Menschen von Gott als unveränderlicher allumfassender und unzerstörbarer Macht, kann der Unterschied im Gottesverständnis der griechischen Antike nicht grösser sein.

Hesiods Entwurf beschreibt etwas, was wir auch fast in jeder anderen Mythographie vorfinden. Aber die Detailliertheit und kosmische Dramatik der Schilderungen verleiht seiner Theogonie einen quasi modellhaften, exemplarischen und literarisch faszinierenden Charakter.

Die Ursprungsherrschaft des Chaos, anschließend der Nacht, des Tages und des Äthers, der Zyklopen, des Uranos, des seinen Vater entmannenden Kronos und des auf ihn folgenden Zeus, der den Vater Kronos wiederum in den Tartaros verbannt: Über verschiedene Stufen hinweg entwickeln sich die göttlichen Kräfte des Kosmos angefangen mit dem Elementaren, Unverbundenen, dann dem Ungeheuren, schließlich dem Wilden über die Stufen des Archaisch-Blutrünstigen bis hin zum Pathos göttlicher Erhabenheit.

Die Frage, wie diese Geschichte überweltlicher

machtvoller Wesenheiten zu verstehen ist, bot verständlicherweise Stoff für grenzenlose Spekulationen.

Als Erstes könnte man festhalten, dass die Metamorphose vom Einfachen zum Komplexen, vom „Unkultivierten" zum „Verfeinerten" einer natürlichen Anschauung des Lebendigen und der Selbstwahrnehmung seiner eigenen Geschichte seitens des Menschen entspricht.

Wenn die Betrachtungsweise der Theogonie einem lebendigen Mythos desWerdens entspricht, so zeigt die Geschichte der wissenschaftlichen Theorien, inwieweit diese selbst echter Rationalität entbehren. Die populäre Idee der Abstammung des Menschen vom Affen oder die absurde Theorie der religionshistorischen Abfolge von Animismus und Polytheismus hin zum Monotheismus zeigen das überdeutlich. Die Verfemung des Vergangenen als „primitiver Vorstufe" des Verflossenen offenbart das Überlegenheitsgefühl des Siegers im Blick zurück auf seine überwundenen Kontrahenten. Im Taumel eigener Selbstgewissheit vermag man Letztere freundlichstenfalls als Vorstufen zum Eigenen zu würdigen.

Für eine universalistische Kulturtheorie wie die Psychoanalyse war die Idee der Kulturentwicklung auf der Basis erfolgreicher Söhne, die sich mithilfe des Kastrationsmessers ihrer Väter entledigten, eine geradezu mythische Präformation. Noch Kafkas Brief an den Vater zeigt in erschütternder Weise die numinose Kraft, die solche Bilder auszustrahlen vermögen.

Insofern stellt sich letztlich doch die Frage, inwiefern die mythologische Abfolge der Göttergeschlechter mehr sein könnte, als eine Metapher auf die menschliche Kulturentwicklung. Sind diese Mythen vielleicht ein Restbestand alter Erinnerungen und eines geheimen Wissens sowohl über die menschliche Geschichte als auch die

Geschichte des Kosmos?

Wäre es denkbar, dass hier etwas Realhistorisches beschrieben wird, bei dem sich das Wirken des Göttlichen mit der evolutionären Metamorphose des Biologischen und schließlich Menschlichen verschränkt?

Genau das ist es nämlich, was Hesiod in seinem Bericht über die fünf Weltalter andeutet.

Wir wollen es hier im Kontext entsprechender okkulter Theorien als *Synchrone Wellenbewegung in der Entwicklung wesenhafter Lebensformen* bezeichnen. Das bedeutet, dass einem bestimmten Entwicklungsschritt einer solchen Lebensform die Weiterentwicklung einer anderen entspricht, zu der sie in Beziehung steht. Oder anders formuliert: Betritt ein Wesen bestimmter Typologie eine bestimmte Entwicklungsstufe, so vollzieht auch ein Wesen anderen Typus zur gleichen Zeit diesen Schritt. Man könnte hier auch von einer Choreographie der Evolution sprechen.

Hesiod beschreibt es folgendermaßen:

Die Menschen des Goldenen Zeitalters, „geliebt von den seligen Göttern" genossen das Privileg, ein Leben in Mühelosigkeit völlig frei von Leid zu führen. Aber auch ihnen war es durch Zeus bestimmt, irgendwann unterzugehen. Ihre Kultur und ihre Leiber waren nun „in der Erde geborgen".

Auf der Erde lebten jetzt Andere, „sterbliche Menschen", welche sich offenbar in einem Zustand befanden, der von seltsamer Unmündigkeit gekennzeichnet war. Den früheren Menschen des Goldenen Zeitalters wird nämlich durch Zeus eine besondere Aufgabe zuteil: Sie sollen als Hüter der „neuen" Menschen auftreten! Segen zu spenden, das Recht zu wahren und frevelhaftes Tun zu verhindern – auch diese edle Aufgabe obliegt ihnen jetzt. Es hat den Anschein, als wenn ihr früheres paradiesisches Leben nunmehr durch eine angestrengte und verantwortungsvolle Arbeit abgelöst wurde.

Aber in welchem Zustand gehen sie dieser Aufgabe nach? Nicht als Könige oder Herrscher von Fleisch und Blut, sondern als „Dämonen" in luftiger, nebelhafter Gestalt! So durchschweifen sie die „Weiten der Erde" im Auftrag des Zeus.

Es ist klar, was eigentlich mit ihnen geschehen ist: Die physischen Leiber (oder ihre früheren Leiber?) sind ja „geborgen in der Erde". Es ist eine subtilere, höhere oder feinstoffliche Körperlichkeit, mit der sie jetzt ausgestattet sind. Sie sind zwar noch *auf* der Erde, aber als unsterbliche Dämonen zugleich *über* ihr – in jedem Fall von der Bindung an den Stoff, von Werden und Vergehen losgelöst. Ihre *Luftigkeit* und *Nebelhaftigkeit,* mit denen sie durch Hesiod charakterisiert werden, gemahnt an die altgriechische Beziehung zwischen Atem, Luft und Geist.

Wir können das Ganze in der Terminologie der modernen Esoterik ausdrücken: Während sich die neuen „sterblichen" Menschen auf die physische materielle Welt zu fokussieren haben, sind die früheren Menschen aus dem Physischen hinübergegangen in eine Sphäre der geistigen Welt. Als von den Göttern Geliebte sind sie eine Stufe auf dem Weg zum Göttlichen emporgestiegen, für die irdische Menschheit jetzt unsichtbar, aber nicht untätig, sondern höchst aktiv und fürsorglich.

Der moderne Okkultismus wird der hier zugrundeliegenden Idee auf eine Weise Geltung verschaffen, die über ihre eigene Ratio verfügt. Das Wesen und die Wohlfahrt der Menschen liegt den Göttern am Herzen. Auch dann, wenn die Menschen nicht so leben und handeln, wie man es von göttlicher Seite erwartet. Aber jene, die strebsam sind, können einen Typus Mensch verkörpern, in welchem die irdische Menschheit über sich selbst hinausgewachsen ist. Die Rede ist von Adepten – hochentwickelten Eingeweihten, die als „Grosse weiße Bruderschaft" eine eigene überweltliche Species bilden. Eine gewisse Berühmtheit erlangen einzelne Exponenten dieser Gemeinschaft dadurch, dass sie als Mahatmas in einen regelmäßigen Rapport bis hin zum Briefwechsel mit der Begründerin der modernen Theosophie treten: Helena Petrowna Blavatsky wird so zu ihrem Medium und Sprachrohr.

Der Zweifel an der Authentizität dieser Wesenheiten übersieht eine einfache anthropologische Tatsache: Menschen sind in Bezug auf ihre geistigen Fähigkeiten nicht nur entwicklungsfähig. Sie sind in dieser Hinsicht auch in der Lage, sich in der Art und Vielfältigkeit des Geistigen nahezu unbegrenzt zu erweitern, ihren Spielraum zu vergrößern und qualitativ auf immer neue Ebenen zu heben. Die einfache Überlegung, dass den Fortschritten der biologischen Evolution mindestens ebenso vielschichtige Möglichkeiten im emotionalen, mentalen und intellektuellen Bereich entsprechen müssten, ist den materialistischen Evolutionsbiologen natürlich bislang entgangen. Zur Zeit sind es lediglich die Anhänger des Transhumanismus, die daraus eine absurde materialistische Phantasie gestrickt haben, indem sie den menschlichen Geist auf binäre Datenfragmente reduzieren.

Aber es entspricht der Logik der Evolution! Die Überlegung, dass es Übermenschen geben muss, die uns in vielerlei Hinsicht über die Schulter schauen, ist in jeder Hinsicht schlüssig.

Es würde natürlich der Naivität moderner Fortschrittsgläubigkeit entsprechen, einen Entwicklungsprozess anzunehmen, bei dem es keine Fehl- oder Rückschläge gibt. Die alten griechischen Dichter und Weisen wie Hesiod waren allerrdings viel zu wirklichkeitsnah, um eine bruchlose lineare Chronologie des Lebendigen zu imaginieren. Und so berichtet Hesiod denn auch von zwei weiteren Versuchen der Götter, vollkommene Menschen zu erschaffen, die man beide als ebenso kapitale Fehlschläge bezeichnen muss. Da sind die Menschen des Silbernen Zeitalters, Nesthocker, die noch bis zum hundertsten Lebensjahr im Elternhaus verbringen, um dann alsbald zu entschlafen. Nichts verbleibt ihnen dafür zur „Belohnung", als ihre Versetzung in die Unterwelt – als immerhin „selige Wesen". Auch das dritte Geschlecht der Menschen des Erzenen Zeitalters musste als Fehlschlag verbucht werden. Grobschlächtig und aggressiv waren sie und ihr Lohn der Abstieg in den Hades!

Aber die Götter müssen wohl als lernfähig gelten. Denn die darauffolgende menschliche Spielart war „gerechter und besser". Als „göttliches Geschlecht" von „Halbgöttern" hatten sie zwar offenbar einen neuen Zustrom an göttlicher Kraft erfahren. Doch hinderte sie das nicht, sich in kriegerischen Verwicklungen aufzureiben – und so wurden auch sie seitens der Götter wieder aufgegeben und von Zeus ersetzt – durch die Menschen unserer Gegenwart. Spannend ist aber Hesiods Aussage darüber, wie es jenen „hochbeglückten Heroen" in der Folge erging. Sie nämlich wurden in eine paradiesische jenseitige Welt versetzt, die seligen Inseln am Rande der Erde. Aufsicht über sie führt ein „alter Bekannter" aus der Theogonie: Der gute alte Kronos darf dort über die Heroen als König walten! Das ist ein substanzielles Beispiel dafür, was die Ablösung eines Göttergeschlechts durch ein darauf Folgendes bedeuten kann: Es ist ein Schritt, der gewissermaßen parallel zur Ablösung eines Menschengeschlechts durch ein anderes erfolgt!

Dem Aufstieg einer Species wie dem Menschen aus der physischen in eine andere höhere Welt entspricht gleichsam die „Versetzung" eines Gottes, dessen Zeit abgelaufen ist, in eben jene nächsthöhere Formation der geistigen Welt.

Aber das, was sich zwischen verschiedenen Entwicklungsgraden des Menschlichen abspielt, vollzieht sich aus okkulter Sicht auch artübergreifend. Der Theosoph Jinarajadasa schrieb dazu: „Unser heutiges Tierreich wird das Werk der fünften Kette als deren Menschheit beginnen und unser jetziges Pflanzenreich wird dann ihr Tierreich sein."[84]

Ein anthroposophisch inspirierter Okkultist schrieb: „Der Aufgeklärte weiss, dass das Tier sein jüngerer Bruder ist, und dass es in der Jupiterperiode menschlich sein wird. Wir werden ihm dann so helfen, wie die Engel, die in der Mondperiode menschlich waren, jetzt uns helfen."[85]

An anderer Stelle schildert Jinarajadasa anschaulich, dass ein Hund in menschlicher Obhut dazu berufen ist, in seinen folgenden Inkarnationen zum Menschentum aufzusteigen. Das wird im Übersinnlichen dadurch erreicht, dass ein Teil der Gruppenseele des Hundes sich mit einer von oben kommenden Monade verbindet, wodurch er in der Lage ist, sich im menschlichen Sinne zu individualisieren.[86] Wichtig aber ist die Feststellung, dass die Hundegruppenseele und das einzelne Tier diesen Prozess nicht nur auf eigene Faust vollziehen: Den entscheidenden Part dabei spielt sein jetziger menschlicher Halter, der ihm durch seine emotionale Zuwendung intensiv und anschaulich demonstriert, was das Menschsein (im idealsten Sinne) bedeutet. Es ist die Fürsorge eines jeden Lebewesens für die rangmäßig unter ihm stehenden Lebensformen, die zum entscheidenden Motor der Evolution wird – nicht die idiotische darwinistische Idee des Kampfes aller gegen alle!

Man muss sich natürlich darüber klar werden, was es bedeutet, wenn in der alten Überlieferung von Tod oder „Verdrängung" die Rede ist. In der konventionellen Betrachtungsweise ist jede Form von Tod stets eine Form von Auslöschung oder Vernichtung. Metaphysisch oder spirituell gesehen ist hingegen jeder „Tod" nur eine Transformation von einem Bewusstseinszustand in einen anderen. Für das heutige menschliche Individuum ist der Tod verbunden mit dem Verlust eines materiellen Leibes und seinem Fortleben auf einer höheren Ebene: Zunächst der ätherischen, dann der astralen Ebene und schliesslisch der niederen oder höheren mentalen Ebene (auch bezeichnet als Devachan).

In theosophischer Sichtweise würde das natürlich auch für das „Leben" einer Gottheit gelten. Nur dass das Leben einer Gottheit sich etwas anders darstellt, als das Leben eines physisch verkörperten Menschen. Während ein Mensch maximal 60 – 90 Jahre in einem physischen Körper auf der physischen Ebene lebt, wo er seine Verantwortung und sein Miteinander mit anderen physisch verkörperten Menschen teilt, ist das Leben einer Gottheit anderen Maßstäben unterworfen.

Eine Gottheit hat andere Aufgaben. Nämlich die Fürsorge für viele Hunderttausend oder Millionen Menschen in einer Kultur oder Stammesgemeinschaft – und das über viele Tausende oder sogar Zehntausende von Jahren! Damit steht aber auch eine Tatsache in Verbindung, die man sich unbedingt vergegenwärtigen muss: Der leibliche Träger einer Gottheit ist nicht ein physischer Körper, es ist z.B. ein astraler Leib oder sogar das Substrat einer noch höheren Ebene. Wenn nun die Aufgabe einer solchen Gottheit abgeschlossen ist, wenn also z.B. die Menschenkultur, für die sie verantwortlich war, einen bestimmten Reifezustand erreicht und sie ihre entwicklungsbedingte menschheitliche Aufgabe erfüllt hat, tritt Folgendes ein: Dann ist auch der niedrigste leibliche Träger dieser Wesenheit einem Auflösungsprozess unterworfen und ihr Bewusstsein zieht sich in einen darüber hinausgehenden Bereich zurück. Das könnte beispielsweise in der Weise geschehen, dass die von ihr geleiteten Menschenwesen jetzt nicht mehr auf der physischen Ebene leben, sondern ihr niedrigster leiblicher Träger nun im Ätherischen zentriert ist – während diese Gottheit nunmehr ihren niedrigsten Träger auf der Ebene der Mentalwelt oder des Devachan verankert hat.

All diese Überlegungen zur Rolle der Gottheiten sind keine Phantasien neuzeitlicher Theo- oder Anthroposophen. Schon Platon verdanken wir eine lebendige Schilderung dieser Verhältnisse in seinem Timaios-Dialog. So heisst es z.B. über die Begründung Athens:

„Nach dieser ganzen Anordnung und Einrichtung gründete nun die Göttin zuerst euren Staat, indem sie den Ort eurer Geburt mit Rücksicht darauf erwählte, daß die dort herrschende glückliche Mischung der Jahreszeiten am besten dazu geeignet sei, verständige Männer zu erzeugen. Weil also die Göttin zugleich den Krieg und die Weisheit liebt, so wählte sie den Ort aus, welcher am meisten sich dazu eignete, Männer, wie sie ihr am ähnlichsten sind, hervorzubringen, und gab diesem zuerst seine Bewohner. So wohntet ihr denn also dort im Besitze einer solchen Verfassung und noch viel anderer trefflicher Einrichtungen und übertraft alle anderen Menschen in jeglicher Tugend und Tüchtigkeit, wie es auch von Sprößlingen und Zöglingen der Götter nicht anders zu erwarten stand.“

Und über die Gestaltung der biologischen Wesenheiten bis hin zum Menschen heißt es hier: „Als nun aber die Götter alle, sowohl die, welche sichtbar herumkreisen, als auch die, welche nur erscheinen, je nachdem sie es selber wollen, ihre Entstehung hatten, da spricht zu ihnen der Erzeuger des Alls folgendermaßen: »Göttliche Göttersöhne, deren Bildner ich bin und Vater von Werken, welche, durch mich entstanden, unauflösbar sind, weil ich es so will. Denn alles, was zusammengebunden ist, läßt sich zwar auch wieder auflösen, aber das, was schön zusammengefügt ist und sich wohl verhält, würde nur ein Frevler wieder auflösen wollen.

Deshalb seid ihr denn auch, weil ihr entstanden seid, zwar nicht schlechterdings unsterblich und unauflösbar; aber nichtsdestoweniger sollt ihr nimmer aufgelöst noch des Todesgeschickes teilhaftig werden, weil ihr an meinem Willen ein noch stärkeres und mächtigeres Band als jene Bänder erlangt habt, mit denen ihr zusammengebunden wurdet, als ihr entstandet. So merket denn nun, was euch meine Rede verkündet! Es sind noch sterbliche Geschlechter, und zwar ihrer drei übrig, die noch unerzeugt sind: träten nun sie nicht ins Leben, so würde das Weltgebäude unvollständig sein: denn es würde dann nicht alle Geschlechter lebendiger Wesen in sich tragen, und das muß es, wenn es schlechthin vollständig sein soll. Wenn sie aber durch mich entständen und mit Leben begabt würden, so würden sie den Göttern gleich werden.

Damit sie also zu Sterblichen werden und dieses All ein wirkliches All sei, so kommt es euch naturgemäß zu, euch an die Hervorbringung der lebendigen Geschöpfe zu machen, indem ihr meine Tätigkeit, wie sie bei eurer Entstehung stattfand, nachahmt. Und so viel an ihnen dem Unsterblichen gleichnamig zu sein verdient, nämlich das Göttlichzunennende und Leitende in ihnen, soweit sie stets dem Rechte und euch zu folgen geneigt sind, von dem will ich die Samen und Keime selber bilden und euch dann übergeben; in ihren übrigen Teilen aber sollt ihr, indem ihr mit diesem Unsterblichen Sterbliches verwebt, die lebendigen Geschöpfe vollenden und erzeugen und, indem ihr ihnen Nahrung gebt, sie wachsen lassen und, wenn sie dahingeschwunden sind, wieder in euch aufnehmen.«[87]

Was an dieser Beschreibung fasziniert, ist die realitätsbezogene Vorstellung von Schöpfung und Entwicklung, die deutlich wird: Das Lebendige ist keine Hervorbringung aus dem Nichts durch eine allmächtige oder allwissende Person. Es ist ein Einwirken verschiedener miteinander kooperierender Wesenheiten auf das Stoffliche und dessen Verwandlung.

Auf welche Weise spiegeln sich nun all diese Grundprinzipien in der Religionsgeschichte in ihrer vordergründigen Phänomenologie wider? Betrachten wir z.B. den Übergang von der Verehrung bestimmter Gottheiten im alten Europa und ihre Transformation in der christlichen Ära. Wir wissen heute, dass überall im alten vorchristlichen Europa eine Konfiguration von drei weiblichen Wesenheiten verehrt wurde.[88]

In der christlichen Ära werden diese Wesenheiten abgelöst durch drei Heilige. Es sind die sogenannten *Virgines Capitales*, die als Margarete, Barbara und Katharina in Erscheinung treten.[89] Ein volkstümlicher Vers bringt diese drei legendären Gestalten in einen symbolischen Zusammenhang anhand ihrer Attribute:

Margaret mit dem Wurm,
Barbara mit dem Turm,
Katharina mit dem Radl,
das sind die drei heiligen Madl

Die christlich-mittelalterliche *Legenda Aurea* berichtet hier von drei Frauen, die vor rund 1700 Jahren überwiegend in Rom oder Kleinasien gelebt und zumeist den Märtyrertod erlitten haben. Menschen, für die die spirituelle Welt den absoluten Vorrang vor allen irdischen Freuden besaß – und die deshalb als Heilige verehrt wurden, welche nach ihrem Tod in die höchsten Sphären der himmlischen Welt gelangten.

Abb. 13: Ausschnitt aus einem Altarbild der *14 Nothelfer* –
Im Vordergrund St. Margarete mit ihrem Drachen
(1510 – 1520 Obersachsen / Thüringen, Bode-Museum Berlin)

Nehmen wir einmal an, dass es Menschen gibt, die durch außerordentliche Anstrengungen eine Weiterentwicklung vollziehen konnten, die sie der weiteren physischen Verkörperung enthob. Hierin können wir auch wieder Platons Timaios zum Zeugen anrufen, der das

Schicksal jener Menschen beschreibt, die die Herrschaft über ihre Gemütsbewegungen wie Lust, Schmerz, Furcht und Zorn erlangt haben: „Wer aber die ihm zukommende Zeit wohl verlebte, der werde wieder nach dem Wohnsitze des ihm verwandten Sternes zurückwandern und ein glückseliges, seinem früheren entsprechendes Leben führen...“[90] Diese Sterne sind nach Platon „lebende Wesen göttlicher Art“. Die Anzahl der Seelen entspricht der Zahl der Sterne, so dass jedem Stern eine menschliche Seele „zugeordnet“ scheint. Daraus ergibt sich die Gottwerdung des höher entwickelten Menschen.

Die einfache Tatsache, dass die Position von Gottheiten wie z.B. der drei germanischen Nornen (oder griechischen Moiren) nunmehr von geheiligten Menschen eingenommen wird, deutet darauf hin, dass die höheren Seelenvermögen dieser Menschen nun tatsächlich auf der Ebene der Gottheiten wirken!

Das ist eine einfache und einleuchtende Erklärung der Präsenz und des Fortwirkens bestimmter mythischer göttlicher Gestalten in Gestalt christlicher Heiliger – keine „feindliche Übernahme“ älterer heidnischer Vorstellungen durch die christliche Kirche, wie Folkloristen und Religionshistoriker meinen, erklären zu müssen. Das setzt andererseits voraus, dass die Kirche bestimmte metaphysische Gegebenheiten intuitiv erfasst hatte, die sich in der geistigen Welt zutrugen. In vielen Fällen war es aber ohnehin so, dass die Kirche widerstrebend Entwicklungen der Volksseele aufgriff, von der sie erkannte, dass sie nicht imstande war, sie zu eleminieren. Und zugleich würde es auch bedeuten, dass jene Gottheiten, die vorher eine bestimmte Rolle ausgeübt hatten, nun eine Aufgabe höherer Ordnung zugewiesen bekamen.

Wenn wir uns bemühen, derartige Vorgänge in ihrer

Bedeutung für die mythologischen Metamorphosen der germanischen Religon zu erfassen, ergibt sich das folgende Bild:

Zwei Götter des Himmels werden „abgelöst" durch einen Gott des Sturmwindes. Der erhabene Gott des unendlichen Himmels Tyr-Ziu wird zum Gott des Krieges. Stellt das eine Weiter- oder Höherentwicklung dar? Zugleich beginnt ein Gott die Vorstellung vom Himmelsgott zu übernehmen, der den von ziehenden Wolken zerrissenen Himmel und eine unsichtbare Gewalt, den Sturmwind repräsentiert. Was darin symbolisch zum Ausdruck kommt, ist eigentlich zweierlei: Zum Einen eine absteigende dekadente Entwicklung des himmlischen Tyr-Ziu, der von himmlischer Erhabenheit zu kriegerischer Aggression mutiert. Und andererseits eine Veränderung der Wahrnehmung des Himmels, der nicht mehr in seiner Ursprünglichkeit und Unendlichkeit wahrgenommen wird, sondern als bedrohliche Macht, die den Menschen den Unbilden der Witterung preisgibt, repräsentiert und verkörpert durch die *Wilde Jagd*.

Die Unsichtbarkeit des Windes entspricht dem Prinzip des Täuschenden und Hinterlistigen, wofür Odin bekannt wird. Thor, vorher ein Gott des himmlischen Blitzes und des Gewitters und Garant ländlicher Fruchtbarkeit der Erde, die ihm in Gestalt der Joerd mütterlich verbunden ist, mutiert zu einem Sohn Odins. Nun ist er ein Gott unbeherrschten Zorns und ungehemmter Aggressivität.

Die beiden maßgeblich verdrängten Gottheiten sind somit nicht auf eine trasnzendente Ebene ausgewichen oder aufgestiegen. Sie haben so gesehen sogar noch eine Verdichtung hin zum Stofflichen erfahren und sind damit einem Prozess der Dekadenz erlegen!

In beiden Fällen erkennen wir eigentlich keine

Höherentwicklung. Oder man müsste es so sehen: Der Dekadenz-Entwicklung der Menschen, die sich von friedlichen Bauern zu herumvagabundierenden Kriegern verwandelt haben, entspricht Herabentwicklung, ein Rückschritt in der Wesensentwicklung der Götter!

Besonders bedenklich stimmt ferner, dass gerade bei den Germanen diese Transmutation der Himmelsgötter stattgefunden hat, ganz im Gegensatz zu anderen indoeuropäischen Kulturen. Dieses besondere Karma der Germanen kann unterschiedliche Bedeutungen haben. Es kann ihm eine Überlegung der Bewusstseinsevolution zugrundeliegen, die die besondere, herausfordernde Stärkung der Willenskräfte durch eine zeitweilige Hemmung und Verdunklung der ethischen Klarheit beabsichtigte. Andererseits zeigen die Geschichte des Kolonialismus, des Protestantismus, des modernen Kapitalismus, der beiden Weltkriege einschliesslich millionenfacher Judenmorde und der materialistischen Hybris der modernen Wissenschaft: Die Dämonie der germanischen Völker stellt sich wie eine odinische Besessenheit dar, die Psychopathologie des *Faustischen* scheint unaufhebbar zu sein.

Gibt es wirklich keinerlei Heilung für die germanische Seele?

<table>
<tr><td colspan="5" align="center">Übersinnliche Wesenheiten im Verhältnis zu den kosmischen Existenzebenen als Matrix für die Theogonie</td></tr>
<tr><td>Theosophische Terminologie (Jinarajadasa)</td><td>Anthroposophisch inspirierte Engellehre (Heindel)</td><td>Menschen / Tiere</td><td>Germanische Gottheiten</td><td>Existenzebenen</td></tr>
<tr><td>Dhyan-Chohans / 7 Logoi</td><td></td><td></td><td>Ymir
Sol</td><td>Welt Gottes</td></tr>
<tr><td></td><td></td><td></td><td>Baldr</td><td>Welt der jungfräulichen Geister</td></tr>
<tr><td></td><td>Throne</td><td></td><td>Irmin
Nornen</td><td>Welt des göttlichen Geistes</td></tr>
<tr><td>„Erbauer"</td><td>Cherubim</td><td></td><td>Tyr-Ziu</td><td>Welt des Lebensgeistes</td></tr>
<tr><td>Arupa-Devas</td><td>Seraphim / Gruppengeister d. Mineral-, Pflanzen- und Tierreichs</td><td>Adepten / Initiierte</td><td>Heimdall</td><td>Höhere Mentalebene (Region der abstrakten Gedanken)</td></tr>
<tr><td>Rupa-Devas</td><td>Herren der Form</td><td>Novizen des Pfades Menschen (Vergeistigte Idealisten) Individualisierte Tiere</td><td>Thor
Loki</td><td>Niedere Mentalebene (Region der konkreten Gedanken) (Devachan)</td></tr>
<tr><td>Kama-Devas Sylphen</td><td></td><td>Menschen / Tiere (schlafend oder nachtodlich) Leere astrale Hüllen</td><td>Odin
Walküren</td><td>Astralebene (Empfindungswelt)</td></tr>
<tr><td>Wolkengeister / Salamander</td><td></td><td></td><td></td><td>Höhere Ätherische Ebene</td></tr>
<tr><td>Gnomen / Undinen/ Land-Feen</td><td></td><td>Leere ätherische Hüllen</td><td>Hel</td><td>Niedere Ätherische Ebene</td></tr>
<tr><td></td><td></td><td></td><td>Frigga</td><td>Physische Ebene</td></tr>
</table>

Wird es eine Wiederkehr der Götter geben ?
Teil 1

Die in der westlichen Welt dominierende religiöse Kraft ist nach wie vor das Christentum. Während in Südeuropa und Frankreich der römische Katholizismus an erster Stelle steht, hat sich der nordwesteuopäiche Bereich und Skandinavien protestantisch entwickelt. Dennoch ist die Dominanz des Christlichen historisch nicht von derart prägender Tiefe, dass man sie als religiösen Naturzustand des europäischen Menschen begreifen müsste. Diese Dominanz ist im Grunde nicht älter, als rund tausend Jahre!

Wenn die neolithische Revolution immerhin ungefähr 8000 – 12. 000 Jahre zurückliegt und die paläolithische Zivilisation nach Jahrhunderttausenden zählt, ist eines vollkommen klar: Auch die vor der Christianisierung Europas wirkenden religiösen Strömungen darf man nicht einfach ausblenden, in der Tiefe sind sie nach wie vor präsent!

Über ein grosses, präzises und vor allem flächendeckendes Material, das uns Aussagen über die Qualität germanischer oder keltischer Religiosität gestatten würde, verfügen wir leider nicht. So überwiegt die Erscheinung monumentaler Fragmente, die aber in der Imagination des modernen europäischen Intellekts eine z.T. homöopathische Funktion ausüben.

Dennoch gibt es manche einfache, überzeugende Fakten, an denen man nicht vorbeigehen kann. Ein solches Faktum sind z.B. die gebräuchlichen Namen der Wochentage. Sie verbürgen bis heute die europaweite vorchristliche Bedeutung bestimmter Gottheiten wie z.B. Tyr-Ziu, Wodan, Thor und Freya.

Dennoch ist die alte Religion untergegangen in einer

Radikalität, die bewirkte, dass die Europäer heute weltweit mit dem Christlichen identifiziert werden.

Ein besonderes Kuriosum der Edda bringt die Völuspa damit zum Ausdruck, dass sie den Untergang der alten Götter selbst in Form eines dramatischen kosmologischen Mythos erzählt. Diese Erzählung findet in dem Augenblick statt, als der „Kosmos" der germanischen Stammeskulturen zerbricht, um der Welt des mittelalterlichen Feudalismus Raum zu geben. Steckt in diesem Mythos das weise Eingeständnis der Unabänderlichkeit dieser kulturgeschichtlichen Umwälzung?

Man kann das in der Völuspa beschriebene Untergangsgeschehen natürlich auch als Anleihe bei den apokalyptischen Vorstellungen der Bibel betrachten. Dann wäre der eddische Mythos ein simples literarisches Imitat. Dagegen spricht aber folgende einfache Tatsache: Snorri Sturluson, der den mittelalterlichen Eddatext formulierte, war ein Mann der Kirche. Natürlich hätte es in seinem Interesse gelegen, den Untergang der alten Götter zu „erklären". Was aber hätte ihn dazu motivieren können, ihre partielle Wiederkehr zu prophezeien? Dazu kommen Parallelen zwischen nordischer und indischer Überlieferung: Auch die indische Kosmologie kennt periodisch wechselnde Zustände, in denen die Götter zum Teil manifest und zu einem anderen Teil latent existieren („Tage und Nächte des Brahma").

Wenn der Mythos der Edda so zu bewerten ist, verkörpert er aber noch mehr: Auch von der Wiederkehr und Erhaltung des Untergegangenen ist darin explizit die Rede.

Und inwiefern das möglich und wahrscheinlich ist, unter welchen Bedingungen und Voraussetzungen, das soll uns hier beschäftigen.

Von der Idee einer periodischen Wiederkehr des

Transzendenten in physischer Verkörperung ist auch in manchen anderen Überlieferungen die Rede. Es ist aber fast nie eine Wiederkehr des Gleichen, sondern meist die Wiederkehr des Ähnlichen mit neuen Absichten bei neuen Konditionen und in neuer Form.

So ist die immer wieder erneute Inkarnation des Bodhisattva im tibetischen Buddhismus einer fortschreitenden Vervollständigung in der Erlösung der Wesen geschuldet.

Die Wiederkehr Christi (Sein zweites Kommen) dient im heilsgeschichtlichen Verständnis der ethisch-moralischen Bestandsaufnahme des endzeitlichen Menschheitszustands. Christus war vorher Opferlamm und kehrt zurück als Richter. Im hinduistischen Verständnis verkörpert sich z.B. der Gott Vishnu in immer wieder neuer Form, als Löwengesichtiger, Kriegsheld, als tiergestaltiges Wesen in unterschiedlichsten Arten.

Wiederverkörperung ist also ein Instrument der Weiterentwicklung, der Wandlungsprozesse des Lebendigen, der Transformation der Formen, wie die biologische Evolutionlehre sie durchaus auch versteht, ohne allerdings ihre metaphysische Zielgerichtetheit vorauszusetzen.

Wenn wir uns heutzutage die Frage stellen, inwiefern die Götter germanischer Stämme zurückzukehren vermögen, richten wir unseren Blick auf eine Reihe neuer Religionen. Schon seit Hölderlin, aber verstärkt seit der Wende vom 19. zum 20. Jahrhundert sprechen religiöse Menschen die Hoffnung aus, das Christentum möge abgelöst werden durch die Rückkehr zu vorchristlicher Religiosität. Starke Legitimation erwächst dieser Überzeugung aus der geschichtlich beschreibbaren Gewalttätigkeit, mit der das Christentum in Europa (und nicht nur hier) eingeführt wurde.

Eine bizarre Dimension gewinnen solche Bestrebungen aber dann, wenn diese Rückkehr als die Wiederkunft von etwas Unverändertem aufgefasst wird, als Reproduktion oder reine Imitation.

Insbesondere in der angloamerikanischen Welt ist das Bestreben sichtbar, diese Imitatio möglichst authentisch, ungefiltert und unhinterfragt zu vollziehen. Damit kommt es z.B. mit „Asatru" zu einer neureligiösen Gestaltungsform, die in ihrer naiven Historizität zwischen Pseudoauthentizität und Fundamentalismus irisiert. Vergleicht man das mit den vielschichtigen Erklärungsansätzen des Germanischen im Deutschland der Zeit zwischen 1840 und 1920, wird man verzweifelt der Simplifizierungen des mechanistischen Denkens ansichtig, das die anglophonen Kulturen zu beherrschen scheint.

Allerdings verheisst uns die Edda tatsächlich eine Wiederkehr der Götter, aber unter der Bedingung einer grundlegenden Transformation.

Nach der mythischen Überlieferung sind es eine Reihe von Gottheiten, die auf einer neu „aus den Fluten auftauchenden Erde" ins Bild treten, interessanterweise genau 7: Vidar, Vali, Baldr, Hödr und Hönir. Ferner sind es Magni und Modi, zwei Söhne Thors (Gylfaginning, Kptl. 53).

Sie alle haben zunächst eines gemeinsam, dass sie dem Geschlecht der Asen angehören.

Von Odin und Thor ist nicht die Rede, aber von ihren Söhnen.

Diese Art von Wiederkehr hat also nicht den Charakter einer Wiederkehr des oder der Gleichen, aber einer Wiederkehr in einem generativen Sinne. Damit gewinnt der Gedanke der Wiederkehr einen biologischen Charakter, er hat etwas zu tun mit Abstammung. Dieser Zusammenhang taucht auch in der altnordischen Vorstellung von individueller Wiederverkörperung auf, bei der ein Kind als Verkörperung einer den Eltern vorangegangenen Generation aufgefasst wird.

Jan de Vries schrieb: „Der Vater betrachtet die Züge des ihm auf die Knie gelegten Kindes und spürt nach Ähnlichkeiten mit anderen, schon früher gestorbenen Familienmitgliedern; wenn er freudig den Großvater, den Onkel oder irgendwelchen anderen Verwandten wiederzuerkennen glaubt, gibt er dem Sohne dessen Namen und ist davon überzeugt, daß der Tote in erneuerter Gestalt wieder ins Dasein zurückgekehrt ist.

Einfache Beobachtungen, die jeder Mann in seinem Leben zu machen in der Lage ist, liegen diesem Glauben zugrunde" [91]

All das deutet eben darauf hin, dass das Schicksal der Götter, von dem die Edda berichtet, weit mehr ist, als eine kosmologische oder naturmythologische Erzählung. Eher wird hier hingedeutet auf die Wechselbeziehungen zwischen dem Metaphysischen (Rückkehr einer Seele), der Abstammung, kulturellem Wandel, und dem historischen Fortwirken vergangener Handlungsimpulse. Hierbei stehen die Gottheiten als Grundtypen für menschliche Identitäten. Diese Zusammenhänge, von einer völkisch-biologistischen Deutung bis zur Unkenntlichkeit materialistischer Fehlschlüsse pervertiert, erschließen uns einen Verständnisrahmen für den radikalen Umbruch der europäischen Kultur im Übergang von der Völkerwanderungszeit und Spätantike zum Mittelalter einerseits und von dort zur neuzeitlichen Moderne andererseits.

Die Wiederkehr einer früheren, vorelterlichen Generation im Kind offenbart noch einen weiteren wichtigen Aspekt der Sache: Das Göttergeschlecht der Asen wird als Dynastie beschrieben, die durch die Errichtung ihrer Herrschaft die Welt verwandelte, indem sie die älteren Geschlechter der Riesen und der Wanen überwand. Wenn jetzt die neue Welt nach dem Ragnarök Bezug nimmt auf eine Verkörperung des Grosselterlichen, wird eine Verbindung hergestellt zu eben jener Kultur der Riesen und Wanen. Vergessen wir nicht, dass die Mythologie die Asen als macht- und selbstbewusste Herrschaftskaste darstellt, das die Asen selbst aber mit den Riesen in einem Abstammungsverhältnis stehen!

Insofern stellt der eddische Mythos der „Neuweltgötter" die Beständigkeit des asischen Herrschaftsanspruchs selbst in Frage!

Ohne jetzt konkretistisch nachzuforschen, wer hier wann aus welcher ursprünglichen Epoche wiederkehrt, möchte ich einfach einige symbolische Bezüge verdeutlichen. Damit schärfen wir vielleicht unsere Intuition in der Frage, welche Wertschätzungen uns für eine Neuorientierung unter Berücksichtigung des Archaischen, Vorchristlichen zur Verfügung stehen.

Zunächst erfahren wir aus der Völuspa Einiges über die neue Welt. Sie taucht auf aus den Fluten. Es ist also ein neues Land, das vorher offenbar noch nicht existierte. Der neue Mensch wählt den Ort seiner Besiedlung aus und klammert sich nicht an Vergangenes.

Er ist also nicht im klassischen Sinne autochthon als ein dem Boden Entwachsener, sondern verbindet sich aus eigenem Antrieb und mit vollem Bewusstsein dem Boden.

Auf diesem Land tragen die Äcker „unbesät". Landwirtschaftliche Arbeit („im Schweisse menschlichen Antlitzes") spielt also hier ebenso wenig eine Rolle wie die Überkultiviertheit menschlicher Züchtungen.

Es ist Mühelosigkeit im Kontext mit Natürlichkeit. Im Grase finden sie die goldenen Tafeln und denken an die Weisheit Odins aus vergangenen Tagen. Hier ist nicht an eine „Informations- oder Wissensgesellschaft" zu denken, sondern an die Muße als Voraussetzung für die Herausbildung eines schöpferischen Geistes.

Mit dem Bild der Edda wird deutlich, dass dieser Mensch die Vergangenheit erforscht, sie geistig erfasst und sich darüber mit seinen Mitmenschen austauscht.

Die Wiederkehrenden sind sämtlichst Söhne von Odin (Balder, Hödr, Vali und Vidar) sowie dessen Enkel (Modi und Magni als Söhne des Thor, welcher gleichfalls als Odins Sohn gilt).

Baldr, „sprachgewandt, freundlich und weise, ...so hell, dass ein Leuchten von ihm ausgeht": seine Präsenz nach dem Ragnarök zeigt den metaphysischen Aspekt von Götterdämmerung und neuer Welt am deutlichsten, war er doch schon vorher getötet worden und in die Unterwelt entschwunden. Diese künftige Welt ist also die Rückkehr von etwas Erneuertem aus jenseitiger geistiger Sphäre! Auch sein Bruder kehrt zurück, der blinde Hödr, den Loki dazu verleitete, auf Baldr in Unkenntnis der Folgen mit dem Mistelpfeil zu zielen, womit er ihn umbrachte. Das ist natürlich ein starkes Bild für das Neue: Das Opfer und sein Totschläger, gegenseitig verstrickt durch Unwissenheit treten erneut ins Leben, somit versöhnt, weil „froh" an einem Orte lebend.

Rätselhaft ist Widar. Snorri nennt ihn den schweigsamsten Asen, aber er ist auch der stärkste, was sich darin zeigt, dass er den Fenriswolf tötet, welcher seinen Vater verschlang, indem er dem Untier den Rachen zerreißt. Dazu bedient er sich eines Schuhs, den er dem Wolf auf den Unterkiefer stellt. Ich deute das als Hinweis auf seine sichere Standfestigkeit, die man wahlweise als Bodenständigkeit ebenso wie Standhaftigkeit interpretieren kann. „Auf dem Boden der Tatsachen zu stehen", ist keine schlechte Eigenschaft. Und Schweigsamkeit kann mehr sein, als ein Mangel an Beredsamkeit. Es kann sich auch um eine Form der Entsagung handeln, die durch Verinnerlichung Kräfte in der Seele sammelt, was sich in der äußeren Stärke widerspiegelt.

Die „Stimme der Stille" ist ein kräftiger Gegenpol zum Geschwätz des Marktes – einen deutlicheren Aufbruch zu einem kulturellen Neubeginn als gerade diesen Impuls vermag ich mir in einer Epoche multimedialer Manie zunächst nicht vorzustellen.[92]

Und man muss nicht erst beweisen, weil alle es spüren, dass Kontemplation, das übende Herausarbeiten einer innerseelischen Souveränität das Heilmittel darstellt gegen Informationsüberflutung.

Schon vor dem Ende der alten Welt hat Widar seinen Vater gerächt. Damit haben wir die Ära der Rache hinter uns gebracht und können uns neuen Aufgaben zuwenden.

Das Gleiche gilt für Vali, insofern, als wir in ihm den Rächer Baldrs zu erkennen vermögen.

Modi (Der Zornige) und Magni (Der Starke) haben ihren Vater Thor überlebt. Welche Konsequenz hat es, wenn diese beiden Eigenschaften nicht in einer Person vereint sind? Thor wird als jener Gott beschrieben, welcher sehr spontan ohne lange Überlegungen aggressiv handelt. Dieses Handeln war auch ein Grund für die Feindseligkeiten und den gegenseitigen Vernichtungswillen, an denen die alte Welt zugrunde gegangen war. Wenn Zorn und Stärke getrennt voneinander sind, besteht die Möglichkeit, dass sich das Denken einschaltet, bevor zornige Erregung in aggressives Handeln umschlägt. Dieser Mythos versucht uns nicht zu suggerieren, das die neue Welt eine solche der Sanftmut und der Schwäche darstellt! Es wird nur verdeutlicht, dass emotionale Impulse nicht mehr blind nach außen geschleudert, sondern vorher mindestens durch menschliche Bewusstwerdung gefiltert werden müssen.

Dass Odin und Thor mit der alten Welt vergangen sind, ist natürlich ein wichtiges Indiz. Für den Gott der Weisheit und des Krieges, den selbst die mythische Erzählung für seine hintergründige Verschlagenheit und Treulosigkeit kritisiert, ist die neue Welt kein angemessener Ort. Aber auch für jenen Gott, der zuschlägt, ohne über die Folgen nachzudenken, gibt es hier keine wahre Heimstatt.

Es bleiben aber: Liebevolle Weisheit (Baldr), Stärke durch Kontemplativität und Wirklichkeitssinn (Vidar) und gerechter Zorn (Modi und Magni).

Einen wichtigen Gott, der nach dem Ragnarök wieder dabei sein wird, haben wir noch vergessen: Hönir! Er ist deshalb so wichtig und bezeichnend, weil er bereits bei der erstmaligen Formung des Menschen durch die drei Urgötter Odin, Hönir und Lodur dabei war. Hierbei ist er es, der den Menschen den Verstand (altnord. *odr*) gibt. Wenn er jetzt an dieser Stelle wiederkehrt, heisst das, dass es um das Werden eines *neuen Menschen* geht!

Die neue Aufgabe Hönirs resultiert ja wahrscheinlich daraus, dass einige wenige Menschen die Götterdämmerung überleben: Lif und Lifthrasir in einem Holz (= Baum?) namens Hoddmimir (s. Wafthrudnirlied).

Damit ist auch klar, dass es einen wesentlichen Rangunterschied zwischen Menschen und Göttern gibt.

In der Beschreibung des Wanenkrieges war Hönir als Geisel von den Asen zu den Wanen gelangt. Diese hatten ihn aufgrund seiner von dem Riesen Mimir herrührenden Klugheit zu ihrem Häuptling gewählt.

Bei all diesen Göttern werden sich zu recht manche

die Frage stellen, ob wir hier nicht ein sehr einseitiges und unvollständiges Bild vor Augen haben. Denn man vermisst die Göttinnen! Die Antwort darauf ist die Göttin der Sonne. Noch bevor die Göttin Sol vom Fenriswolf verschlungen wurde, hat sie eine Tochter zur Welt gebracht. Diese ist es, die die neue Welt erleuchten wird.

Es war nie ganz einfach zu verstehen, warum in neuheidnischen Gemeinschaften Odin oder Thor verehrt werden oder warum man sich bemüht, ihren Geist neu zu etablieren.

Jene germanischen Stämme, die uns ihre Vision von einer neuen Welt vermittelt haben, waren offenbar der Überzeugung, das das Vergangene seinen Beitrag zur Zerstörung der Welt geleistet habe. Deshalb dachten sie sich das Künftige als Folge eines Wandlungsprozesses.

Kehren die alten Götter wieder? Täten sie es, wäre es nichts mit der Hoffnung auf eine neue Entwicklungsphase der menschlichen Kultur. Das Rad des Lebens dreht sich zwar immer um die eigene Achse, und kehrt zu seinem Ausgangspunkt zurück – aber es dreht sich nicht auf der Stelle, sondern legt seinen Weg auf dem Antlitz der Erde zurück.

Eine Bemerkung zum besseren Verständnis: Wenn hier Gedankengänge aus alten Texten wiedergegeben werden, die manchen Menschen als altehrwürdig oder sogar heilig gelten, sollte man Folgendes bedenken: Es muss nicht den Anschein haben, als wenn ihr Alter oder einem Gott in den Mund gelegte Ideen uns verleiten können, darin eine Offenbarung zu erblicken.

In der Weise, wie christliche Frömmler von einer wortwörtlichen Wiedergabe göttlicher Kundgebungen fabeln, möchte ich solche Auszüge nicht verstanden wissen.

Von Verbalinspiration ist nicht die Rede. Wie sollte es auch möglich sein, wenn, wie wir alle wissen, Gedanken und Worte Hervorbringungen des menschlichen Geistes sind.

Aber, das sind sie immerhin! Ein in sich sinnvoller Gedankengang, den wir einem alten Text entnehmen, ist ein Zeugnis menschlicher Geistestätigkeit. Es ist ein Beleg dafür, dass es einmal Menschen gab, denen eine solche Überlegung wichtig war, dass sie damit Wahrnehmungen, Deutungen, Hoffnungen und Erwartungen verbunden haben.

Und somit werden wir hier mit etwas Wichtigem und Bedeutsamen konfrontiert!

Wird es eine Wiederkehr der Götter geben ? Teil 2

In der Wahrnehmung nichteuropäischer Menschen wird Europa zweifellos als christliche Zivilisation verstanden. Aber unbeschadet dieser Aussenwirkung muss es inmitten Europas historisch auch in tief christlicher Zeit ein Bewusstsein dafür gegeben haben, was die Menschen hier vor der Einführung des Christentums religiös bewegte.

Natürlich hat es zunächst den Anschein, dass die Selbstgewissheit der Christen z.B. im 13. oder im 16. Jahrhundert von solcher Stärke war, dass es nicht in Frage gestellt wurde. Die Überlegung, ob man wesentliche existenzielle oder theologische Fragen auch aus einer anderen Perspektive als der christlichen beleuchten könnte, stand offenbar nie wirklich zur Disposition.

Diese Infragestellung des Eigenen oder die Ausrichtung auf ein anderes Denken lässt sich kaum ausmachen. Nur in polemischer, abwertender, ja wegwerfender Wertung werden nichtchristliche religiöse Ideen oder Bräuche erwähnt und umschrieben.

Ob es nun um Jüdisches, Islamisches, aussereuropäische Animisten geht oder um die Religiosität der eigenen Vorfahren – eine positive Frage nach Sinn, Wert oder geistiger Substanz des Anderen schien nicht vorgesehen.

Dabei erscheint das Absurde dieser Betrachtungsweise dadurch offensichtlich, dass man z.B. sehr viele Texte zur Verfügung hatte, oder von ihrer Existenz wusste, die von einem griechischen oder römischen Heidentum kündeten. Zugleich hatten manche heidnischen Philosophen wie beispielsweise Platon eine grosse Bedeutung für die Theologie. Viele seiner Überlegungen scheinen nahtlos Eingang in das theologische Denken gefunden zu haben. Der griechische (heidnische) Philosoph Aristoteles taucht im Skulpturenschmuck gotischer Kathedralen auf.

Schon allein in der Chronologie kommt die offenbare Bewusstheit für die reale historische Präsenz des Nicht- oder Vorchristlichen zum Ausdruck. Man konnte gewissermaßen „abzählen", vor wieviel Jahren die dominierende geistig-religiöse Strömung eine Nichtchristliche gewesen sein muss.

Man muss so einfache Überlegungen im Hinterkopf haben, wenn man die Arbeit eines Mannes wie Snorri Sturluson betrachtet: Die Tatsache, dass er die germanischen Götter als reale metaphysische und historische Wesen zugleich vorstellt, obwohl er ein Mann der Kirche war.

Aber es ist nicht ausgemacht, ob es sich hier quasi um eine anekdotische Reminiszenz gegenüber den eigenen Vorfahren handelt, oder ob die Geschichte der nach dem Ragnarök wiederkehrenden Götter eine Vision von spiritueller Prägnanz darstellt.

Der deutsche Dichter Friedrich Hölderlin war aber tatsächlich jemand, dessen Dichtung als durch und durch visionär zu beschreiben ist.

Natürlich ist die mythische Welt, von der seine dichterische Phantasie wie durchtränkt war, die griechische. Die Götter Griechenlands sind wie bei Friedrich von Schiller die transzendenten Traumgestalten, deren überwältigende Kraft seine dichterische Phantasie zu entzünden scheint.

Es ist unbestreitbar – in der Epoche der Klassik (auch für Goethe gilt das!) ist die mythische Potenz der biblischen Gestalten nahezu erstorben. Die imaginative Kraft der Göttinnen und Götter der hellenistischen Epoche scheint an ihre Stelle getreten zu sein.

Bei Hölderlin scheint die Entwicklung aber eine neue Wendung vollzogen zu haben: In seinem 1801 entstandenen Gedicht „Germanien" wendet er sich der vorchristlichen Religiosität Mitteleuropas zu.[93] Dieses Gedicht fällt in der Beschäftigung mit dem Germanischen in jener Epoche insofern aus dem Rahmen, als es eine tiefe Verhaltenheit erkennen lässt.

Die scharfe Militanz, mit der sich die Mentalität der Befreiungskriege auf die germanischen Vorfahren beruft, kommt hier nicht vor. Auch die aggressive Überheblichkeit einer späteren völkischen Ideologie wird man in Hölderlins Gedicht vermissen. Die stattliche, gewappnete, blonde und kämpferische Walküre, die die vaterländische Malerei des späten 19. Jahrhunderts imaginiert – das ist nicht die *Germania*, die Hölderlin vorgeschwebt haben kann.

Dabei ist diese Personifikation der germanischen Stammeskultur ein sehr altes Bild, das bereits in der römischen Antike auszumachen ist. Auch im Mittelalter ist sie nicht unbekannt.[94]

Das Gedicht ist von einer derart hohen Komplexität in Bezug auf unsere Fragestellung, dass es eine ausführliche Erörterung wert ist.

Es beginnt mit einem sehr widersprüchlichen Annäherungsversuch des Dichters an die „Götterbilder in dem alten Lande". Er will den Kontakt mit ihnen suchen, sieht sich aber zugleich mit einem Verbot und Befürchtungen konfrontiert. Verheißungsvoll erscheinen sie ihm, lieb und heilig, aber der Wusch ist zugleich voller Gefahren – ist doch an ihnen etwas „Gestorbenes".

Und dennoch hat es den Anschein, dass er der Versuchung nachgeben muss, ja dass er ihr zuguterletzt erliegt. Das innere Bedürfnis und die Bereitschaft sind stärker, als die von ihnen ausgehende Gefahr und Bedrohung.

Die Problematik liegt darin, dass das Rückwärtsgewandte, das Gestorbensein völlig bewusst sind. Aber es hilft nichts: Es ist nicht allein ein innerer Drang des Dichters, es ist vom „Himmel" kommende Verheißung, es sind vom „Himmel" drängende „Göttermenschen", die als Alte die Erde neu besuchen.

Ganz offensichtlich geht es hier nicht um die Eroberung der Transzendenz durch den Menschen, beschrieben wird eine Transzendenz, der sich der Mensch ausgeliefert, von der er sich bedrängt fühlt. Es ist aber zugleich immer noch die Rede vom „Rufen", vom Willen, von Wahrnehmung, von Gefühl und Drang. Keineswegs aber von Besessenheit.

Hölderlin muss gestehen, wie bedeutungsvoll die Götter auch gegenwärtig noch empfunden werden können, obwohl ihre Priester, ihre Heiligtümer und ihre „Sitte" längst verschwunden sind.

Jetzt eröffnet der Dichter eine Vision, die zeigen könnte, auf welche Weise wir uns dem Wesen der Götter erneut annähern könnten: Das grünende Feld, das zum Opfermahl bereit ist, ermöglicht eine Perspektive in den Orient, bis hin zum *Indus*.

Das Germanische kann nicht mehr nur aus der Diesseitigkeit des Mitteleuropäischen heraus verstanden werden – das Indoeuropäische, die Weisheit des indischen Subkontinents umschreibt einen erheblich erweiterten, ja geradezu globalen Erkenntnisrahmen des Eigenen, des Einheimischen.

Hier referiert Hölderlin die zu seiner Zeit schon aufdämmernde Erkenntnis der Indogermanistik, dass für die sprachgeschichtlichen Beziehungen europäischer und asiatischer Sprachen wie des Deutschen, des Lateinischen und des Sanskrit eine kryptohistorische Vernetzung gemutmaßt werden kann: Schwer analysierbar, aber in vielen Teilen rekonstruierbar.

Jakob Grimm wird 1844 erste Ansätze jener geheimnisvollen Zusammenhänge in seiner „Deutschen Mythologie" erarbeiten.

Jetzt beschreibt Hölderlin die Szene einer Begegnung: Der vom Indus kommende Adler als Bote indischen Weisheitswissens gelangt in die Mitte Europas. Er entdeckt Germania, *die Priesterin, still, schweigsam, einfältig, „unzerbrechlich", alliebend und stark im Ertragen, gross im Glauben*. Es sind die Götter, die diesen Weisheitsimpuls Indiens an die Seele Mitteleuropas veranlassen. Es scheint, als ob Germania die Erbin des Indoeuropäischen darstellt.

Aber was besagen die aufgeführten Eigenschaften? Es sind Eigenschaften, die im Grunde auf das Weibliche projiziert werden.

Sie können aber auch als Antithese verstanden werden zu den militanten „Tugenden" eines langsam aufdämmernden Nationalismus. Geht es hier um das Rezeptive eines wahrhaften Mitgefühls und einer vorurteilslosen Hingabe an die Weltwahrnehmung?

Unbekannt und verborgen, ungewiss in der Herkunft, voller Unbewusstheit und undeutlicher Ahnungen war Germanien in der Vergangenheit – doch auserwählt durch die Götter in der Gegenwart!

Auserwählt, aber wozu? Alliebend und voll von Frieden, das sind Hölderlins Schlüsselworte, um Germaniens Aufgabe zu umschreiben.

Die Frage der Wesensessenz der „Germania" wird in der nächsten Strophe ergänzt um eine Aufforderung: Dabei geht es um unverhüllte Wahrnehmung, um Offenlegung von bisher Verborgenem. Damit ist aber ein Paradox verbunden. Die Wahrheit soll ins Auge gefasst werden, sie soll erfasst und innerlich aufgenommen werden, die Seele der Seherin soll sich ihr öffnen.

Aber das bedeutet noch lange nicht, dass es hier etwas in großem Maßstab auszusprechen oder als Botschaft an andere weiterzugeben gilt. Das Maß für den Weisen ist die „schamhafte" Rede, die Verschwiegenheit, nicht die „Volksrede" oder gleisnerische Selbstdarstellung. Doch jetzt ist eine Situation eingetreten, die aussergewöhnliche Aktivitäten erfordert. Der „Zorn an dem Himmel" erzeugt einen Ernst der Lage, der eine größere Offenheit zur Folge haben muss. Aber das heißt nicht, dass man das Erkannte zu Markte trägt – es muss dennoch „ungesprochen" bleiben.

Was besagt diese widersprüchliche Botschaft? Im Grunde bedeutet es, dass Erkenntnis auf eine neue, andere Art übermittelt werden muss, als bisher. Kann man das, Erkenntnis, Wahres, *Rede von Göttern* ausstrahlen, wortlos andern zu erkennen geben, was man erschaut hat?

Die Germania des Hölderlin ist aufgerufen, Vorbild zu sein durch ihre Gegenwart. In ihrem Gegenwärtigsein spiegelt sich ihre besondere Bewusstheit wider – und damit wirkt sie auf das Bewusstsein der Anderen.

Auch die letzte Strophe beginnt mit einem Appell: Als Tochter der Erde soll sie Ihre Mutter anreden: Der Wirklichkeit der Natur ist sie ja entsprossen.

Dies sollte dann auch in einem Akt der bewussten Gegenüberstellung mit sich selbst als eigenem Ursprung definiert und ins Bewusstsein gehoben werden. Da werden erneut die Elemente beschworen, die die alten Götter repräsentieren. Sie erscheinen als Vergangenes, das aber dennoch eine zukünftige Bedeutung hat. Auch hier wieder eine Paradoxie, eine chronologische. Aber weil es so anders ist als in der Vergangenheit, weil es dem Seher in gründlich erneuerter Gestalt entgegentritt, sind die alten Naturgottheiten „erfreulich".

Jetzt kommt ein Bild, das auf seltsamste Weise Naturwahrnehmung mit Spiritualität verknüpft: Erde und Äther sind in ruhiger Weise miteinander verbunden: Erde und Himmel, die alte mythische Zweiheit von oben und unten, von Geist und Stoff. Sie sind nicht gegensätzlich oder einander überlegen. Und sie sind in der Mitte der Zeit, weder dem Vergangenen verhaftet, noch der Vorausschau, der Hoffnung auf Künftiges. Erde und Himmel sind vielmehr verbunden mit der Gegenwart, sind ganz im „Hier und Jetzt".

Eine Versöhnung der Gegensätze ist also nur möglich, wenn man weder von der Macht der Erinnerung gefesselt, noch von der Furcht vor künftig Geschehendem gelähmt ist. Man sei ganz in der Unmittelbarkeit des Erlebens!

Unabhängig zu sein von Vergangenheit und Zukunft heißt, bedürfnis- oder begierdelos zu sein. Hier sind die „Unbedürftigen" bei den Feiertagen der *Germania*, so wie der Begierdelose im Zustand der Ruhe und des inneren Friedens frei von Geschäftigkeit ist. Der Begriff des Feiertages ist hier sicher dem des Ruhetages verwandt. Und der Ruhetag ist eine der sinnvollsten Einrichtungen der älteren religiösen Kultur, von deren Weisheit die moderne Zivilisation nur profitieren kann.

In den letzten Worten dieser genialen literarischen Schöpfung macht Hölderlin erneut deutlich, dass das ideale Wesen der Germania für Ihn weder die kämpferisch-aggressive Walküre, noch das beschützende Bollwerk sein kann. Alle konventionellen Bilder einer patriotischen Ikonographie werden von ihm Lügen gestraft.

Sie ist keine „Kampfjungfrau", sondern eine Priesterin, also eine Dienerin der Götter. Und sie ist eine Ratgeberin aller, auch aller ausserhalb ihres engsten Wirkungskreises. In dieser Funktion ist sie „wehrlos", geniesst aber den Respekt gegenüber ihrer Weisheit, gegenüber der Unentbehrlichkeit Ihrer Hilfsbereitschaft.

Was Hölderlin uns in diesen Strophen anempfiehlt, ist eine totale Wende gegenüber einem landläufigen Nationalismus – es stellt das Selbstverständnis der Deutschen in eine Verbundenheit mit der Transzendenz, die auf einem gewandelten und erneuerten Bewusstsein beruht – und auf diese Weise jegliche Formen defensiver Abwehr überflüssig macht. Seine zentrale Affirmation ist *Überlegenheit infolge spiritueller Eigenständigkeit.*

Europäische Vorgeschichte in völkischer Betrachtung – Anatomie eines Zerrbildes[95]

Wenn man eine Reihe populärer Veröffentlichungen zu Archäologie und Vorgeschichte aus den Zwanziger und Dreißiger Jahren durchschaut, werden bestimmte übereinstimmende Grundzüge sichtbar.

Um diese in gebündelter Form auf den Begriff zu bringen, könnte man von einem völkischen Komplex sprechen: Die deutsche Gegenwart jener Tage wird als letzter Ausläufer eines historischen Prozesses betrachtet, der sich letztlich über Jahrtausende in die Vergangenheit zurückverfolgen läßt.

Schon die Buchtitel künden von dieser Gewißheit in plakativster Form: Während Kurt Pastenaci 1939 vom „viertausendjährigen Reich der Deutschen" spricht, hatte Jörg Lechler 1935 „5000 Jahre Deutschland" als „eine Führung ... durch die deutsche Vorzeit und germanische Kultur" geboten. Noch verschärfter sind die Datierungsvorschläge des Welteislehre-Propagandisten Hanns Fischer, der vom „jahrzehntausende alten Schicksal der Germanen" fabelte[96].

Aber letztlich ist die Tendenz, Bronzezeit und Megalithzeit zu germanisieren und einzudeutschen nicht eine Versuchung gewesen, der man nur in der Nazizeit erlag.

S.Fischer-Fabian titulierte die Germanen in einem Bestseller von 1975 als „Die ersten Deutschen", selbst der völkische Positionen kritisierende Rudolf Pörtner spricht 1964 von „Stätten deutscher Urgeschichte". Dass der rechtsextreme Autor Helmut Schröcke Neolithikum, Bronzezeit samt den Indogermanen als „Die Vorgeschichte des deutschen Volkes" 2009 im Grabert-Verlag vorstellt, ist weniger erstaunlich als vielmehr konsequent.

Was deutlich wird, ist das Bedürfnis, ein vorgebliches Gemeinschaftsempfinden der Gegenwart zurückzuverfolgen in eine Tiefendimension, die eigentlich nicht mehr sinnlich wahrnehmbar ist, die sich dem leichthin schauenden Blick, der kurz ausgreifenden Berührung verschließt.

Vergegenwärtigt man sich aber selbst die persönliche einzelmenschliche Wahrnehmung von Zeit, von zwanzig, dreißig oder gar vierzig Jahren, die man individualbiographisch zu überschauen vermag, so wird das Ungeheure einer solchen Zeitangabe von 4000 oder 5000 Jahren erst bewusst.

Im Verhältnis zum einzelmenschlichen Erkenntnisvermögen verschwinden die Details einer solchen Zeitdimension im Unbewussten, im Unerkennbaren, im intellektuell Unfassbaren, weil sie sich schlichtweg der individuellen Wahrnehmung entzieht.

Konfrontiert man die Grundidee dieser völkischen Datierungs- und Identifizierungskünste mit dem Gesamtbestand der modernen europäischen Nationalismen, wird ihre Absurdität schlagartig greifbar. In den erwähnten Texten geht es ja um die prähistorische Selbstvergewisserung ausschließlich der Deutschen. Schaut man sich aber auf einer historischen Europakarte etwa die Verbreitung des Megalithikums oder gar der germanischen Stämme in ihren Wanderungsbewegungen an, wird sofort klar: Fast jede große europäische Nation, ob Franzosen, Briten, Dänen, Schweden, Niederländer oder Polen könnten die genannten prähistorischen Epochen als Wurzelgründe der eigenen Nationalgeschichte postulieren. Und zum Teil taten sie es ja auch.

Ein Grundproblem der Verknüpfung zwischen modernen kulturellen Identitäten und den Resultaten der Archäologie: Die moderne Vorstellung von einer Bevölkerung, die sich vor allem mittels der Medien (früher Schule und Kirche) über ein gemeinsames Erleben vergewissert, ob Volk, Stamm oder Familienclan, ist gegenwartsgebunden. Die Archäologie muß Mutmaßungen über solch ein Erleben erst rekonstruieren. Wie nähert sie sich einer solchen Rekonstruktion an ? Sie katalogisiert übereinstimmende Fundstücke und identifiziert darin stilistische Typologien. Erstreckt sich die Typologie auf ein bestimmtes Territorium, so liegt der Gedanke nahe, daß hier eine Menschengruppe mit einem gemeinsamen Bewusstsein gelebt hat. Diese Überlegung, die Gustav Kossinna zu seinen siedlungsarchäologischen Aussagen brachte, werfen aber zusätzliche Fragen auf und ermöglichen nicht nur einfach den Beweis für Kontinuität zwischen menschlicher Psyche der Gegenwart und jener des prähistorischen Menschen auf einem bestimmten Territorium.

Kossinna sah die flächendeckende Präsenz einer bronzezeitlichen archäologischen Typologie im Ausgangsgebiet der völkerwanderungszeitlichen Germanenstämme als Beleg für eine „germanische Bronzezeit".

Skeptisch bemerkte schon 1924 dazu der Archäologe Hubert Schmidt: „Die größten Schwierigkeiten aber bietet die vorgeschichtliche Völkerkunde (Ethnographie), d.h. die Frage, welchen Völkern oder Stämmen die einzelnen Kulturgruppen zuzuweisen sind."[97]

Aber selbst, wenn man von einer einheitlichen germanischen Kultur für die bronzezeitliche Epoche ausgeht, wird man mit größten Unterschieden auf relativ kleinem Territorium konfrontiert: „In Nord-Deutschland, dem südlichen und im wesentlichen jüngeren Herrschaftsgebiet der nordischen Bronzekultur, zeichnen sich nach den beispielhaften Forschungsergebnissen von

E.Sprockhoff mehrere geschlossene Formenkreise mit aller Deutlichkeit ab. ... Je weiter die ursprünglich ziemlich einheitliche ältere nordische Bronzekultur neue Räume in Besitz nimmt, um so mehr zersplittert sich ihr Typenbestand und sie nimmt in steigendem Maße Kulturgedanken aus benachbarten Gebieten auf."[98]

Obwohl Behn von den Trägern der nordischen Bronzekultur „ohne Bedenken als Germanen, sicher als Urgermanen"[99] spricht, bemerkt er an anderer Stelle vorsichtiger: „Den archäologisch gewonnenen Formenkreisen, mag man sie auch als Mode bezeichnen, müssen naturgemäß ebenso viele menschliche Gemeinschaften entsprochen haben als ihre Träger; wir haben hier also den unleugbaren Niederschlag einer bereits ziemlich vorgeschrittenen Stammesbildung. Die einzelnen Verbreitungsräume sind sogar ziemlich ansehnlich, die Unterschiede des Typenbestandes keineswegs gering. Es wäre verlockend, doch methodisch völlig unhaltbar, hier bereits Namen historischer Stämme einsetzen zu wollen."[100]

Die Problematik der völkischen Ideologie liegt aber nicht allein in dem Versuch, ihren Gegenstand in eine unendliche chronologische Tiefe zurückzuverfolgen. Sie steckt auf verzwickteste Weise in dem Gegenstand ihres Interesses selbst. Wir haben den Begriff der „Ethnischen Identität" schon benutzt, als wenn klar wäre, worum es dabei geht.

So geht das völkische Denken ja nicht nur von den festen Konturen einer Gruppe von Menschen im Umfang von 80 Millionen aus, sie unterstellt diesen gemeinsame Eigenschaften, Bedürfnisse und Wahrnehmungen für eine weitgehend übereinstimmende Lebenswelt in ihrem Lebensgebiet, welches als fest umschlossen definiert wird.

Sie erhebt darüber hinaus auch den Anspruch darauf, dass diese 24 Millionen im Jahre 1820 oder 80 Millionen im Jahre 2013 ein gemeinsames Bewußtsein gemeinsamer Ziele, Werte und Moralvorstellungen entwickeln könnten bzw., dass sie an sich schon unbewusst darüber verfügen. Dass eine derart riesige Gruppe einzelner Wesen ein kollektives einheitliches Bewusstsein erlangen könnte, als dessen symbolische Inszenierung der Gleichschritt vorstellbar wäre, erscheint nur denkbar im Rahmen größtmöglicher Zwanghaftigkeit oder Skurrilität.

Könnte es aber auch so gewesen sein, dass das eigenständige persönliche Denken als so zwanghaft empfunden wurde, daß man sein Erlöschen im Rausch des kollektiven Erlebens als erlösende Enthemmung empfand?

Weniger polemisch und etwas mehr historisch-analytisch betrachtet stellt sich die Sache so dar: Die Idee der Gleichartigkeit wurzelt natürlich u.a. auch in der Gleichheitsidee der Aufklärung. Das war aber ursprünglich eine Vorstellung von gleichen Rechten, Chancen und Pflichten, sie wurde solcherart als Antithese zur Feudalgesellschaft universalhistorisch sprich allgemeinmenschlich aufgefaßt. Der Nationalismus als populäre Massenidee und der völkische Gedanke als radikalster Vollzug dieser Idee verengen das Gleichheitsprinzip auf eine einzelne Gruppe.

Noch etwas Weiteres aber fällt auf: Die Vorstellung, dass ein Bauer im Jahre 1890 genauso empfindet, wie ein Bauer des dritten Jahrtausends vor der Zeitenwende, daß jener die Landschaft genauso wahrnimmt wie der Gegenwartsmensch, dass sein Kunstbegriff und seine Vorstellung vom Heiligen die gleiche ist – dass das Territorium im Wesentlichen das Gleiche blieb, ja dass die körperliche Beschaffenheit eines niedersächsischen

Handwerkers im Jahre 1910 nur ein Replikat der Biologie eines bronzezeitlichen Schmieds darstellt – es geht bei alldem immer nur um ein Thema: Unzerstörbarkeit, Unveränderlichkeit, letzthin Unsterblichkeit. Damit wird letztlich versucht, etwas im Reich des Lebendigen, des Werdenden und Vergänglichen zu verankern, was dort nicht gefunden werden kann: Es offenbart die Suche nach Transzendenz, nach der Unveränderlichkeit des göttlichen Ursprungs. Ist also das völkische Denken das letztendliche Resultat eines Verlustes an Spiritualität, der sich im Siegeszug von Technik und Wissenschaft vollzieht ? Ist es der Preis der geistigen Defizite, die eine Epoche permanenter Vervollständigung materieller Vollkommenheit zu verantworten hat ?

Der nüchterne historische und mentalitätsgeschichtliche Befund offenbart aber alles andere als Homogenität in jenem Gebiet, das im landläufigen Sinne als deutscher Kulturraum betrachtet wurde. Und das gilt gerade und in besonderer Weise unter der Prämisse aller sogenannten „großdeutschen" Optionen.

Es beginnt mit der Sprache. Die territoriale Verbreitung von Mundarten zeigt eine derartige Vielfalt, dass damit die Künstlichkeit des Hochdeutschen als Sprache der Politik, des Angestelltenmilieus und der Verwaltung erst so recht bewusst wird. Allerdings blieb es dem Bildungsbürgertum vorbehalten, dem Ganzen eine höhere Weihe zu verleihen.

Die Kartographierung zur geographischen Verbreitung mundartlicher Unterschiede deutschsprachiger Worte, wie man sie im „dtv-Atlas deutsche Sprache" findet, bildet ein gutes Anschauungsmaterial.

Einen besonders wichtigen dokumentarischen Wert haben hier die kartographierten Bezeichnungen archaischer Pflanzenarten (Wacholder und Holunder), elementarer Begriffe aus dem Umfeld der Landwirtschaft (*Pflügen* als Betätigung und *Frühling* als wichtige Zäsur im bäuerlichen Jahr). Hier geht es ja um Sprachdenkmäler, die nicht modischen Gepflogenheiten unterworfen waren. Sie zeigen, dass die Unterschiede größer werden, je weiter wir in die Vergangenheit zurückgehen: Homogenität hingegen ist ein Produkt moderner zentralistischer Regulative.

Auch die bäuerlichen Siedlungsformen zeigen die regionale Unterschiedlichkeit des „einfachen" Lebens. Die Kartenbilder verdeutlichen vielmehr, daß die Vielfalt der Stämme und ihre jeweiligen kulturellen Selbstverständnisse offenbar von größerer Bedeutung sind, als die kollektiven Normen eines einheitlich verstandenen deutsch-völkischen Bewusstseins.

Die vielfältige Gliederung kultureller Normen im deutschen Kulturraum wird von der völkischen Ideologie gern der Gegensätzlichkeit dynastischer und konfessioneller Interessen zugeschrieben. Dabei sind sprachliche Besonderheiten und solche des Brauchtums und der Siedlungsweise viel konservativer, als politische Herrschafts- oder Glaubenssysteme. Die regionalen Differenzen zeigen vielmehr das llusionäre der völkischen Kollektivität in ihrem ganzen Ausmaß.

Man wird sich schließlich aber doch die Frage nicht versagen können, was wir unter dem Begriff *Volk* verstehen dürfen. Wir schienen uns bislang vielfach sicher, eine kulturell homogene Gruppe mit einem einheitlichen Wertesystem darunter verstehen zu dürfen – im Guten wie im Bösen.

Aber die handgreiflichen sprachgeschichtlichen Anwendungsformen des Begriffes stellen sich völlig anders dar. So schreibt z.B. General Hans David Ludwig von Yorck am 3. Januar 1813 an König Friedrich Wilhelm

III.: "Ew. Königl. Majestät Monarchie (...) ist es jetzt vorbehalten, der Erlöser und Beschützer Ihres und aller deutschen Völker zu werden."[101]

Das Duden-Herkunftswörterbuch (Etymologie) von 1989 bietet zum Stichwort „Volk" folgende Assoziationen an: Leute, Kriegsschar, Kriegerschar, Heerhaufen, „Volksmenge"; hier geht es also um die schiere Masse der Bevölkerung, um Menschen im Plural, und dies durchaus im abschätzigen Sinne, als damit begrifflich ein Gegensatz zur Oberschicht angedeutet wird (- ahd. „folc").

„Volk" als Kulturgemeinschaft tritt erst seit dem Humanismus und dann verstärkt mit der Romantik in die Aufmerksamkeit. Im Alemannischen ist z.B. die Rede von „Männervolk" und „Weibsvolk", „G'völk" steht für „dahergelaufene Leute". Noch der Liberalismus des späten 19. Jahrhunderts trennte das als niedere soziale Schichten verstandene Volk von der gehobenen „Gesellschaft".[102]

Es dürfte hingegen klar sein, daß die Identitätsbildung der in den germanischen Stämmen lebenden Menschen einer völlig anderen Selbstwahrnehmung unterlag. Ihre Interessenlage richtete sich nach den Bedürfnissen ihres Familienverbandes, also ihrer Abstammung und den daraus resultierenden Gemeinschaftsbildungen auf lokaler Ebene. Die Frage war in der Folge: welche wirtschaftlichen Verpflichtungen oder Pflichten der Gefolgschaft ergaben sich primär gegenüber Verwandten ? Gleichzeitig gab es innerhalb dieser Strukturen Unfreie, die über mindere Rechte verfügten: „Das Volk war in die Stände Freie, Halbfreie (Knechte) und Rechtlose (Kriegsgefangene, Sklaven) gegliedert."[103]

Das Grundprinzip des völkischen Denkens, die Homogenität der Volksmasse hinsichtlich der Rechte und

Pflichten der Einzelmenschen (Man denke an den nationalsozialistischen Begriff „Volksgenosse") wäre den Germanen unverständlich gewesen.

Was im deutschen Idealismus noch als kollektive Utopie gedacht war, als zukünftige Möglichkeit eines gemeinsamen Bewusstseins, das mutiert im völkischen Radikalismus der Zwanziger und Dreißiger Jahre selbst staatsrechtlich zu einem biologischen Faktum und damit zu einer naturgeschichtlichen Automatik: „Aus diesen Gedankengängen heraus gab die Nürnberger Gesetzgebung den Begriff der arischen Abstammung auf und prägte neu den der Abstammung von deutschem oder artverwandtem Blut (kurz: deutschblütig). Im Gegensatz dazu steht die Abstammung von artfremdem Blut (kurz: fremdblütig)." heißt es kurzerhand in einem zeitgenössischen Kommentar zu den Nürnberger Gesetzen.[104]

Der absolute Vorrang des Biologischen in der völkischen Ideologie jener Zeit bedeutet im Grunde: Die Vorstellung von einer materiellen Formbildung, die in der Automatik der Vererbung von jeder Regung von Geist und Bewusstsein getrennt agiert.

Der große biologische Mythos aus Tacitus Germania Kptl. 2 sollte die übereinstimmende biologische Beschaffenheit der Deutschen und ihrer germanischen Vorfahren illustrieren.

In der völkisch geprägten Literatur um 1928 entwickeln sich diese Gedankengänge in folgender Weise:

„Körperform und Geistesform, Rasse und Weltanschauung lautete die Grundfrage ... Wenn ein göttliches Gesetz in der Lebensentwicklung wirkend ist, muß von der Zeit an, wo ein höchstentwickelter Menschentypus als Dauerform, als Art, als Rasse auftritt, ihr eine dieser

äußeren Form entsprechende, innere geistige Form eigen sein.

Die Vererbung dieser geistigen Form wäre dann denselben Gesetzen wie die Vererbung der körperlichen Form unterworfen.

Diejenige Rasse, welche die höchst-harmonische Schädelentwicklung aufweist, muß also gottes- und lebensgesetzlich die Trägerin der höchsten Geistesveranlagung und die Urheberin der höchsten Geisteskultur gewesen sein. Von allen uns bekannten, urgeschichtlichen Schädelfunden zeigen diejenigen der Megalithgräberkultur Nord- und Nordwesteuropas ... einen Typus, welcher diese Höchstentwicklung aufweist und in seiner erblichen Kontinuität bis zur Gegenwart als derjenige der nordischen Rasse erkannt ist." [105]

„In allen Kulturen sogenannter „primitiver Völker" oder „Naturvölker" können wir die Ablagerungen einer uralten, fremden Höhenkultur ermitteln, deren ehemalige Träger im Volksrassenbilde längst verschwunden und in der Überlieferung verschollen sind, deren Spuren sich aber in den sinnbildlichen Zeichen, ihren Lautwerten, ihren noch so verdunkelten kultischen Bedeutungen mit Sicherheit nachweisen lassen. ... Für unsere Untersuchung sind jene Völker von größter Bedeutung. Waren sie selber auch keine Schaffende von Kulturwerten, waren sie geistig auch nicht befähigt, das einst Empfangene auf der gleichen Höhe zu erhalten, in der rein formalen Bewahrung jener erstarrten Geistesbruchstücke der fremden Herren- und Kulturbringerschicht leisteten sie als „Konservenbüchsen"-Völker unersetzliche Dienste. ... So enthüllt sich für unser Auge die menschliche Geistesgeschichte ... nach jenem Gesetz der Vererbung, ... Die Geschichte der menschlichen Kultur ist eine anthropologische Chemie und Geologie, eine rassengeschichtliche Scheidekunde und Schichtenlehre mit dem Endblick auf das ... unerforschliche Ewigkeitsgesetz ..., das nach dem Urglauben unserer Ahnen in Gott dem Weltgeist beruhe."[106]

„Wenn ich hier wiederholt von der geistigen Erbmasse sprach, so bezieht sich dies auf das Forschungsergebnis, daß es die Rasse ist, welche den Unterschied der menschlichen Weltanschauung bedingt. Und weiter - daß es die nordische Rasse war, ... welche die Urheberin der abendländischen Kultur gewesen ist und darüber hinaus in der Rassenmischung ... als geistiger Sauerteig eine weltgeschichtliche Sendung erfüllt hat. ... Wenn dem wirklich so ist, müßte aber eine Wiederbewußtwerdung der nordischen Rasse zu einer Erneuerung des Abendlandes führen, zu einer Erlösung von ... Mechanisierung und Materialisierung, von dem Mammonismus ... Das Erwachen der nordischen Rasse in der Welt birgt in sich die einzige Möglichkeit der Erlösung der Menschheit vom Alberich-Fluch der Herrschaft des Geldes ... Auf Grund des nun erlangbaren Wissens ... erscheint ... das Erwachen der nordischen Rasse, als eine Verheißung ..."[107]

„Wenn ein Gott suchender Naturwissenschaftler jene Worte der Schöpfungsgeschichte der Genesis als eine erhabene Hagiographie, eine uralte, geweihte Überlieferung betrachten soll, so müßte er die Frage aufwerfen: „Welche Vorstellungen hatte jenes Volk von Gott, welches da glaubte, nach seinem Bilde geschaffen zu sein?" ... Wenn dem so wäre, so müßte aber - sowohl vom Standpunkte der Wissenschaft wie des Glaubens - von dem Augenblicke an, wo Gott jene Rasse „geschaffen" hätte oder jene Rasse als Erscheinungsbild ... mit ganz bestimmten, feststehenden körperlichen Formen ... ihren Körperformen entsprechende, geistige Merkmale als erbliche Eigenschaft verfügen. Entwicklungsgesetzlich und damit gottesgesetzlich ist es völlig undenkbar, daß eine Rasse, welche die Merkmale einer harmonischen Höchstentwicklung zeigt, nicht auch eine entsprechende geistig-seelische Veranlagung besessen haben soll, von dem Augenblick an, wo jene Körperentwicklung, im besonderen diejenige des Schädels, zu einer bleibenden Form gelangt war. ...

Es hieße die Entstehung der menschlichen Rassen als göttlichen Schöpfungsakt zu einem sinnlosen Widerspruch stempeln, wollte man etwa annehmen, die körperlichen Merkmale der Menschen hätten nichts mit dem geistig-seelischen Inhalt zu tun, und die höchsten Erkenntniswerte könnten beliebig in jedem Menschen verkörpert werden, sei er ein Dante oder ein zentralafrikanischer Pygmäe."[108]

„Die Abwanderung der nordischen Rasse aus Skandinavien in der Eisenzeit, der Zug vom Norden ... Es ist die Zeit, wo der Norden dem siechenden Süd-Europa neues Blut zur geistigen und sittlichen Aufwertung zuführte."[109]

„Die Rassenmischung zwischen Tuatha- und „Finnen"-Völkern wurde die geschichtliche Ursache der ersten Zersetzung des reinen monotheistischen Lichtglaubens der Nord-Atlantiker. An dieser Rassenmischung zerbrach die geistige Einheit des Volkes: So wurde es für die spätere zersetzende Einwirkung mitteleuropäischen, orientalisch-asiatischen und mediterranen Götzenglaubens zugänglich, die von Kelten und Römern den Germanen zufloß."[110]

„Es ist das nordische Blut der Blutgruppe II, das in der Mischung mit den anderen Rassen erst die Möglichkeit eines höheren Geistesfluges ihrer sonst triebhaft, gefühlsmäßig verbleibenden Werte auslöst."[111]

Mancher Leser wird schon erraten haben, welchem Text diese Zitate entnommen wurden: Es handelt sich um Herman Wirths 1928 im Diederichs-Verlag erschienenes Buch „Aufgang der Menschheit". Das war fünf Jahre vor Hitlers Machtergreifung – niemand war zu diesem Zeitpunkt genötigt, Derartiges zu schreiben, wenn es nicht seiner innersten Überzeugung entsprochen hätte.

Was sich in Wirths Rassismus andeutet, in seinen biblisch-heilsgeschichtlichen Anspielungen und in seinen grob dualistischen Wertungen, kennzeichnet in Wahrheit die geistige Dekadenz des Völkischen. Zurückgebunden wird der völkische Kollektivismus hier in einen irrationalen religiösen Wahn christlicher Prägung. Nichts kann weiter entfernt sein von der Nüchternheit naturnahen Empfindens.

Ein weiteres Problem: Die völkische Deutung der Vorgeschichte gründet sich mitunter auch auf Minderwertigkeitsgefühle in der Gegenwart. Dazu folgende Zitate:

„Die Zeiten, in denen angesehene Gelehrte die alten Deutschen für „eichelfressende Halbmenschen" erklärten, sind ja vorüber, aber immer noch werden sie von den meisten für rohe, notdürftig mit ungegerbten Fellen bekleidete und in ärmlichen Hütten hausende Wilde gehalten, die alle und jede Gesittung der Berührung mit Rom und den bildenden Einflüssen der alten Kulturwelt um das Mittelmeer verdankten."[112]

Was an solchen Zitaten deutlich wird, ist die Abhängigkeit des völkischen Bildes von der Prähistorie von dualistischen Mythen, die auf einer Hochschätzung der griechisch-römischen Antike beruhen. Notdürftigkeit und Wildheit als Ausdruck einer einfachen Lebensweise wird konfrontiert mit einem Begriff von Gesittetheit oder Gesittung, der nicht als Produkt von Autonomie vorgestellt wird, sondern nur im Rahmen einer Anerkenntnis durch die hellenistische Wertewelt. Wilsers Bemerkung wird augenscheinlich aus dem Ressentiment gegenüber den „Wilden" gespeist, die Objekt wilhelminischer Kolonialpolitik waren.

Interessant sind in ähnlichem Kontext die Auslassungen Gustav Kossinnas, der als „Urgroßvater" einer völkischen Archäologie in die deutsche Wissenschaftsgeschichte eingegangen ist. Er schrieb 1927: „Keine Gelegenheit wurde vorbeigelassen, ohne das deutsche Volk vor der Welt verächtlich zu machen als einen barbarischen, kulturfeindlichen, Europas unwürdigen Stamm." … „unser Altertum wäre eine Zeit kulturloser Wildheit gewesen … dessen unvergängliche Kunstleistungen baulicher Art … noch heute wunderbaren Zauber leihen … hehre Zeugen bürgerlichen Kunst- und Opfersinnes ... leise phantastische Art so recht ein Ausfluß unserer künstlerischen Begabung."[113]

Hier spricht neben der Mentalität der Kolonialhistorie bildungsbürgerliche Schöngeistigkeit, die dann als Quintessenz germanisch-deutschen Wesens hervorscheinen soll.

Geht man nur anderthalb Jahrhunderte zurück im emotionalen Interesse gegenüber den Germanen, bemerkt man einen Vorrang völlig anderer Bezugspunkte. Wilhelm Reynitzsch versuchte sich 1802 den alten „Teutschen" in phantastischer Sprachakrobatik zu nähern, indem er als entscheidenden Ansatz einen theologisch-mythologischen wählte. Dieser Gott „Teut",oder „Tüs" „sey ein einiges – geistiges – unsichtbares Wesen, das Höchste, ewig und unveränderlich, das mit leiblichen Augen weder empfunden, noch an einem Ort eingeschlossen werden könne."[114]

Die kulturgeschichtliche Schlußfolgerung von Reynitzsch: „Alle kältische Völker verehren den Tüs – und
sind Teutsche. Tüs ward von allen europäischen Völkern verehrt, den Skyhten oder Kälten, Trazen oder
Wallen und allen, die von ihnen abstammen. ... Alle alt-
teutsche südlich und nordische Völker sind gemein-
schaftlichen Ursprungs, und unter den Namen Celtae –
die Kälten, Kaltländer, haben die ältesten Schrifftsteller
alle diese Völkerschaften begriffen, auch die Teutschen
am Rhein ... Sie nannten sich seine Kinder, Teutonen,
Tüstonen, = Teuts Söhne: - sprachen alle Eine Sprache,
die dem Tüt zu Ehren Tütska, - die teutsche hieß – und
nannten sich davon auch Teutsager (Teutsages) – teutsche Völker; auch Tautsländer, - Teutsreicher (Taurisci).
Die Spanier glaubten an den Teut, und die Walen dachten sich den Tis durch das Sinnbild einer Kette, damit
die Weltseele und allen Zusammenhang anzuzeigen.“[115]
Man mag über die krude Etymologie dieses Textes lä-
cheln – aber er verkörpert die Grundidee, die Bedeutung
des Deutschen nicht aus einer überlegenen zivilisatorischen Fertigkeit abzuleiten, sondern aus der Verwurzelung in einer spirituellen Dimension. Ferner ist der Begriff des Deutschen noch nicht dermaßen territorial, kulturell und ethnisch verengt, wie um die Wende vom 19.
zum 20. Jahrhundert. Der Begriff hat etwas Universel-
les, etwas weitschweifig Umfassendes.
Letztlich aber versucht man die Bedeutung von Deutschen und Germanen mit der Präsenz einer monotheistischen Gottesidee zu begründen – darin reichen sich
Reynitzsch und Wirth die Hand. Das ist jedoch nur
möglich aufgrund des Minderwertigkeitskomplexes, den
die Wahrnehmung des naturreligiösen Polytheismus
germanischer Stammeskulte hervorgerufen haben muß.
Also adaptierte man biblische Gründungsmythen, die in

einem protestantisch geprägten Bildungsbürgertum die weitaus größere Wertschätzung genießen durften.

Im Grunde sollten wir uns dazu durchringen, die Dinge im Licht der Wirklichkeit zu betrachten: Leistungen der Vorgeschichte sind bedeutsam durch ihre Gestalthaftigkeit. Das gilt für die ingenieurtechnischen Leistungen des Megalithikums ebenso, wie für die künstlerische Ästhetik der Bronzezeit. In ihrer anschaulichen Großartigkeit liegt ihre Bedeutung, nicht in der sentimentalen Mutmaßung, daß uns eine historische oder biologische Genese mit den Menschen jener Epochen verbinde.

Das Gleiche aber gilt auch für die Bedeutsamkeit gegenwärtigen Tuns. Wenn Deutsche in der Gegenwart ein besonderes Faible für den Freiheitssinn oder für den ökologischen Schutz der Natur an den Tag legen, so ist das eine bemerkenswerte Bewusstseinsleistung, eine Willensanstrengung der Gegenwart. Ein solches Tun, ein solcher Wille ist Ausdruck menschheitsgeschichtlicher Reife – es bedarf nicht der Rechtfertigung durch das menschliche Tun vor 3000 Jahren. Und es ist allein dann bedeutungsvoll für den Einzelnen, sofern es sich in der persönlichen Verantwortung seines Handelns verwirklicht.

Wege und Abwege in der Erforschung der germanischen Kultur [116]

Herrmann Hamelmann 1564:
"Ich habe ... gelesen, daß aus jenem Elster-Stein einem heidnischen Idol, Karl der Große einen Gott geweihten ...Altar gemacht habe" [117]

Friedrich Christoph Puhstkuchen 1767: *"Es scheinet aber diese Benahmung nicht so sehr von den Vögeln als von dem allhier verübten Götzdendienst der alten blinden Völker herzurühren. Die von der wahren Erkäntnis ...abgewichenen Teutschen hatten nach dem Unterschied der Landschaften ihre erdichteten Gottheiten. Unter diesen war auch die Easter oder Eostra. ... Auf die Art war auch dieser von der Herrlichkeit seines Schöpfers zeugende Steinfels auf eine ganz unvernünftige und wilde Anstiftung zurr Verehrung der Easter geweihet, und empfing daher den Namen Ester-Stein, Easter- oder Oesterstein. "* [118]

Unsere Aufgabenstellung in diesem Kreis läuft darauf hinaus, diesen seltsamen kryptischen Bemerkungen auf den Grund zu gehen. Und damit befassen wir uns seit nunmehr fast 60 Jahren.

Ist das nicht eine gute Voraussetzung, einmal dem Wesen dieser „alten blinden Völker" und ihrer Kultur nachzuspüren, die die Wurzel dessen beinhalten könnte, was wir an diesem Ort in Augenschein nehmen ?

Wenn wir zum Beginn des 19. Jhdts. zurückgehen, begegnet uns der Wunsch nach Identität, die grosse Frage nach Ursprung und Wesensart. Die Auflösung des Feudalsystems bringt einen neuen Typus von Mensch hervor: Den aus seinen ständischen Ursprüngen Herausgefallenen, den Bürger, dessen einzelmenschliche Besonderheit zugleich auch verbunden ist mit einer neuen Vereinsamung.

Adlige sind meist in der Lage, ihre Herkunft über Jahrhunderte zurückzuverfolgen. Der Bürger ist gezwungen, diese Abkunft zu imaginieren. Er hilft sich mit der Idee der Nation. Die aufkeimende Naturwissenschaft gaukelt ihm vor, dass es für diese auch eine biologische Basis gibt, das Volk.

Das Ganze bildet eine Zwischenstufe, die man meint, in die Vorgeschichte zurückverfolgen zu können. Daraus aber ergeben sich Probleme und Widersprüche nicht geringer Natur: Die Verbreitungsgebiete prähistorischer Kulturen von Kelten, Germanen und Slawen decken sich nicht mit den Gebieten der zeitgenössischen Nationen. Aber was hier nicht passt, wird eben passend gemacht. Die Beziehungsgeflechte der eigenen Herkunft im Verhältnis zur Vorgeschichte werden damit oft so imaginär, wie die erschwindelten urgeschichtlichen Genealogien des Adels wenn man sich beispielsweise auf Aeneas oder wie eine englische Dynastie gleich auf König David zurückführt.

Das einzig Konkrete an territorialen Herkunftsverhältnissen, die regionalen Stämme, wird in einer Mischung aus Ethnozentrismus, Nationalismus und Prähistorismus verwischt.

Es gibt aber noch einen weiteren wichtigen Antrieb für das Interesse an prähistorischer Kultur und deren Religiosität: Ein schal gewordenes weil kirchlich missbrauchtes Christentum verstärkte noch bei Schiller, Goethe und Hölderlin die intensive Beschäftigung mit den griechischen Göttern – denken wir an Goethes „Prometheus", und bei mehreren Generationen von Gelehrten und Literaten die Neugier auf die Weisheit der alten

Inder bis hin zu Gautama Buddha. Aber schon Nietzsche, der Autor des „Antichrist" konnte den enthusiastischen Ausruf erheben: „Sehen wir uns ins Gesicht – Wir sind Hyperboräer. ... Jenseits des Nordens, des Eises, des Todes – unser Leben, unser Glück!"

Wie aber kommt eine derartig radikale Abkehr von allem bisher Europa Prägenden zustande? Die Frage nach den Ursachen eines historischen Prozesses ergibt nur dann einen tieferen Sinn, wenn man bereit ist, die Frage nach dem Wesen des Menschen zu stellen. Die Deutung des Menschen als Gattungswesen mit der endlosen Kette einer biologischen Abstammung führt in prähistorische Dunkelheit. Sie bedarf der Ergänzung um eine metaphysische Dimension, an der die Psychologie bislang gescheitert ist.

Eine Spur dieser Fragestellung führt in die vorgeburtliche Sphäre des Einzelmenschen in einer Folge von Wiederverkörperungen. Nach okkulter Auffassung, die wir hier nicht vertiefen können, kann ein Mensch bis zu 1200 Jahre auf einer höheren feinstofflichen Ebene verbringen, bis er alles verarbeitet hat, was er in seiner früheren Verkörperung erleben durfte.[119]

Insofern ist es nicht verwunderlich, wenn zum Beginn und zur Mitte des 19. Jhdts. Menschen geboren werden, die zuletzt im 7. oder 8. Jhdt. während der Völkerwanderungszeit und der teils gewaltsamen Christianisierrung gelebt haben.

Einige von ihnen möchte ich an dieser Stelle mitsamt ihren Lebensdaten vorstellen:

Christian August Vulpius, Goethes Schwager (1762 – 1827)

Er publizierte ein Handwörterbuch der *Mythologie der deutschen, verwandten, benachbarten und nordischen Völker* 1826

Jacob Grimm (1785 – 1863) und *Wilhelm Grimm* (1786 – 1859)

Als wichtige Werke für unser Thema sind zu nennen: Kinder- und Hausmärchen 1812 - 1815, Deutsche Sagen 1816, Deutsche Mythologie 1835

Die *Deutsche Mythologie* überrascht ihre Leser (ganz wider Erwarten, was den Titel betrifft) mit einer Herangehensweise, die umfassende Parallelen mythischer Vorstellungen der Germanen in diversen europäischen und sogar orientalischen Kulturen beschreibt.

Guido List (1848 – 1919) ist als Begründer von Phantasmagorien in die Geschichte eingegangen, die auf einer unverdauten Rezeption theosophischer Lehren in Verbindung mit unverstandenen Mythen beruhen. Möglicherweise ist ihm bei seinen Versuchen einer „Erberinnerung" das widerfahren, was auch jedem Einzelmenschen in seiner gegenwärtigen Verkörperung passsiert: Die Produktion von Erinnerungstäuschungen, die an Selbstbetrug grenzen.

Rudolf Steiner (1861 – 1925) hielt im Juni 1910 einen Vortragszyklus, in dem er über

Die Mission einzelner Volksseelen im Zusammenhang mit der germanisch-nordischen Mythologie sprach.

Der grosse Unterschied zwischen Steiner und allen anderen hier erwähnten Forschern: Während meistens in der Religions- und Kulturgeschichte nur von subjektiven Vorstellungsbildern die Rede ist, die innerhalb des menschlichen Gehirns entstehen, macht Steiner einen radikalen Schritt: Er bejaht die Selbstdarstellung des Mythos als Form einer höheren Wirklichkeit, die Anerkenntnis von Gottheiten als lebendiger Wesenheiten. Das würde aber darauf hinauslaufen, sich dem Ansinnen dieser Wesenheiten wirklich zu öffnen – statt über ihre

Bedeutung lediglich intellektuell zu spekulieren. Es würde vor allem auch bedeuten, sich dieser höheren Wirklichkeit, in der man jene Gottheiten verortet, im eigenen Bewusststein zu öffnen.

In der Tat bemüht sich Steiner, in seinem Buch *Wie erlangt man Erkenntnisse der höheren Welten* von 1904 genau dazu, Hinweise zu geben, die Menschen diese besondere Aufnahmefähigkeit ermöglichen sollen.

James George Frazer, Engländer (1854 – 1941) erlangte legendäre Bedeutung für die folkloristische Forschung mit seinem *Der goldene Zweig* von 1890.

Frazer hat nicht nur erläutert, dass die von alten Völkern praktizierte Magie den Charakter einer hoch differenzierten prähistorischen Wissenschaft besitzt. Nirgendwo werden die alten Rituale der Feuer- und Sonnenverehrung oder z.B. der Kult des sakralen Königtums so systematisch und in ihrer inneren Logik schlüssig beschrieben wie im *Goldenen Zweig.*

Wilhelm Grönbech, Däne (1873 – 1948) schrieb *Kultur und Religion der Germanen,* Kopenhagen 1909 – 1912. Otto Höfler bemerkte über dieses Werk: „In die Mitte seines Germanenwerkes hat er die Zeugnisse der Isländersaga gestellt, die uns durch ihre Wirklichkeitsnähe mit dem nordischen Alltag … unmittelbar vertraut machen. Um diesen Kernbezirk breitet er eine unermeßliche Fülle von anderen Belegen aus allen germanischen Ländern aus – Rechtsvorschriften und Brauchtümer, Geschichtsereignisse …, Kultformen und Mythensymbole, heimische Sprachzeugnisse und Spiegelungen … in den Literaturen der Nachbarvölker, zumal der Antike".[120]

Jan de Vries, Niederländer (1890 – 1964) verfasste eine *Altgermanische Religionsgeschichte* 1935, sowie u.a. *Die geistige Welt der Germanen* 1943. In seiner

Einleitung zu letzterem Werk schreibt er: „...wir sind dem Geist echter Wissenschaft verpflichtet, nicht an die Statt der Wirklichkeit unsere Wunschträume zu stellen. ... Wer sich anschickt, über die geistige Welt der Germanen zu schreiben, wird die Schwierigkeit der Aufgabe schmerzlich erfahren. ... wer hofft, schnell den Weg zu seinen germanischen Vorfahren finden zu können, weil sie uns ja blutmässig so nahe verwandt sind, wird enttäuscht sein, sobald ihm bewußt wird, wie unendlich weit der germanische Mensch ... von uns entfernt ist. ... sagen wir Glaube, Ehre, Heiligkeit, Gabe, Ehe, so meinen wir doch mit diesen Wörtern etwas wesentlich Anderes als unsere heidnischen Vorfahren. Jedenfalls hat ihr Begriff eine ganz andere Färbung."[121]

Bernhard Kummer (1897 – 1962) verfasste u.a. *Midgards Untergang* 1927.

Die besondere Leistung Bernard Kummers liegt in der Einsicht, dass die Texte der Edda keine letztgültige Erkenntnis bringen über den Wesensgehalt der germanischen Religion. Zum Einen, weil der darin sichtbare Odinsglaube eine Glorifizierung des Stammeskönigtums der späten Völkerwanderungszeit darstelle. Der Odinskult stehe in diametralem Gegensatz zum Donarskult, der das Bauerntum im Gegensatz zum kriegerischen Adel repräsentiert. Dass die Mythographie der Edda unmöglich die gelebte Religion der nordgermanischen Stämme widerzuspiegeln vermag, ergibt sich für Kummer aus den Sagas. Aus deren Schilderungen des alltäglichen menschlichen Lebens und Schicksals folgt ein ganz anderes Resultat!

Einige maßgebliche Werke:

Midgards Untergang. Germanischer Kult und Glaube in den letzten heidnischen Jahrhunderten 1927; *Die Lieder des Codex Regius (Edda) und verwandte Denkmä-*

ler:

Band 1: Mythische Dichtung. Erster Teil: Die Schau der Seherin (Voluspa). Text, Übersetzung und religionsgeschichtliche Ergänzungen 1961

Band 2: Heldendichtung. Erster Teil: Die Dichtung von Helgi und der Walküre. Text, Übersetzung, Erläuterung 1959

Herman Wirth, Niederländer (1885 – 1981)

Wirth, der sich selbst als Religionsforscher verstand, war im Grunde eigentlich ein Religionsstifter. Das ungeheuer umfangreiche Material an Belegen für Ursymbole, das er gesichtet hatte, wie kaum jemand vor ihm, verleitete ihn zu ebenso gigantischen Spekulationen: Sie kulminieren im Postulat eines nordpolaren prähistorischen Lichtgottes und seines erdmütterlichen Pendants. Den hier skizzierten Kult könnte man auch als Metapher auf den vorgeschichtlichen Ursprung des Christentums auffassen, womit dann erwiesen wäre, dass die Urgermanen dessen eigentliche Urheberschaft zuzurechnen ist.

Manchmal kommt es mir so vor, als wenn Wirth in seiner früheren Verkörperung ein germanischer Priester war, der die Christianisierung mit bestem Gewissen vollzogen hat. Aber das grösste Problem an Wirth ist natürlich, dass er seine Aussagen über die Prähistorie in einen völkischen Rahmen einfügte. Dadurch verlor er seine geistige und wissenschaftliche Unabhängigkeit und wurde zu einem Mitarbeiter Heinrich Himmlers.

Georges Dumezil, Franzose (1898 – 1986). Dumezils Arbeiten beweisen, dass den sprachgeschichtlichen Zusammenhängen der indoeuropäischen Kulturen ein hohes Mass an mythischer und kultischer Kohärenz entspricht. Es wird deutlich, dass die Religion der Germanen über zahlreiche Parallelen in Mythen hellenistischer und altindischer Kulturen verfügt. Viele germanische Mythen können nicht erschöpfend verstanden werden, wenn man sich nicht mit jenem indoeuropäischen Vergleichsmaterial auseinandersetzt! Und das lässt verschiedene kulturphilosophische Ansätze über die kausale Abfolge alter Kulturen im Verhältnis zur modernen westlichen Kultur mehr als fragwürdig erscheinen.

Einige Werke Dumezils: *Mythes et dieux des Germains. Essai d'interprétation comparative* 1939;

L'Idéologie tripartie des Indoeuropéens, Brüssel 1958; *Les Dieux des Indo-Européens*;

Loki, Darmstadt 1959

Rudolf Simek (geb. 1954) hat mit seinem *Lexikon der germanischen Mythologie* (Kröner-Verlag) ein religionsgeschichtliches Nachschlagewerk von Rang geschaffen. Seinen besonderen Ausgangspunkt, die etymologisch-sprachgeschichtliche Analyse eddischer Eigennamen verbindet er auf umfassendste Weise mit der Wiedergabe letztgültiger Forschungsresultate aus Archäologie und Religionsgeschichte.

Die hier aufgeführte Namensliste von Forschern muss natürlich fragmentarisch bleiben. Trotzdem sind sie m. E. auch heute noch von essentieller Bedeutung für die Forschungsgeschichte. Mit den Gebrüdern Grimm, Frazer, Grönbech, De Vries, Kummer, Dumezil und Simek sollte man sich in jedem Fall intensiver befassen.

Was könnte nun u.a. der tiefere Antrieb zu einem derartig intensiven Interesse an der Vergangenheit sein? In der völkischen Phantasie gibt es einen Terminus, mit dem man immer wieder konfrontiert wird: Der „Erberinnerung". Gemeint ist hier eine Rückerinnerung an etwas, was die eigenen Vorfahren erlebt und vielleicht auch erlitten haben. Aus der Sozialpsychologie wie aus dem Familienstellen sind bis zur vorvergangenen Generation durchaus derartige Phänomene bekannt. Wenn ich dabei aber 1000 oder 2000 Jahre zurückgehe, ergibt das deswegen keinen Sinn mehr, weil dann bereits die frühere Verkörperung meines eigenen Wesenskerns berührt sein kann. Der Kritikpunkt ist ferner: Ein biologisches Substrat von Erlebnissen, die meine Vorfahren vor Jahrhunderten hatten, kann es nicht geben. Jede gegenteilige Behauptung erliegt dem Irrtum, den menschlichen Geist auf materielle biologische Ursachen zurückzuführen.

Aber auch die mögliche und in vielen Fällen unbewusst stattfindende Rückerinnerung an frühere Leben hat ihre Tücken: Der menschliche Geist verfügt nämlich über wunderbare Möglichkeiten phantastischer Selbsttäuschung und Selbstbetruges. Rückerinnerung an frühere Inkarnationen ist gebunden an eine hohe Intensität spiritueller Entwicklung! Das hat Rudolf Steiner in *Wie erlangt man Erkenntnisse der höheren Welten* hinlänglich beschrieben und man hat das Gefühl, dass heutige Anthroposophen über diese Aussagen vielfach großzügig hinwegschauen!

Also sollten wir neben unserer innerseelischen Motivation rationale Überlegungen und konventionelle wissenschaftliche Methoden nicht vernachlässigen:

-Archäologie / Archäoastronomie

-Siedlungsgeschichte

-Erforschung theophorer Orts- und Flurnamen

-Sprachgeschichte / Etymologie

-Vergleichende Religionsgeschichte (Indogermanenfrage)

-Symbolkunde (Runen)

-Brauchtumsforschung

-Volkssagen und Märchen

-Mythographische Dokumente wie die Edda oder die Veden

Aber: All diese Gebiete müssen auf gründliche und kritische Weise bearbeitet, und das Allerwichtigste: Sie müssen immer im Zusammenhang betrachtet werden!

Dazu ein Beispiel: Wenn man etwa in einem Lied der Edda von einer Gottheit erfährt, von der wir weder in theophoren Ortsnamen, noch sprachgeschichtlich, noch brauchtumskundlich oder vergleichend religionsgeschichtlich irgendwelche Spuren finden – wäre Vorsicht geboten. Dann ist z.B. die Schlussfolgerung nicht abwegig, jene Gottheit wurde von Menschen germanischer Stämme nie verehrt, sondern könnte als literarisch-belletristische Phantasie betrachtet werden.

In der Forschungs- und Rezeptionsgeschichte gab es immer wieder Ereignisse, die gleichsam „Quantensprünge" der Erkenntnis auslösten. Die „Deutsche Mythologie" der Gebrüder Grimm war so ein Ereignis. Aber auch etwa die Herausgabe der *Sammlung Thule* durch den Diederichs-Verlag in den Zwanziger Jahren des 20. Jhdts. Der Verleger Diederichs urteilte damals über die Reihe: „Hier fließt die Quelle zur Erkenntnis germanischen Wesens."[122]

In 24 Bänden, die von 1911 – 1930 publiziert wurden, machte der Altgermanist Felix Niedner den Versuch, einen Überblick über die altnordische Literatur zu geben. Denn hier stösst man ebenso auf Übersetzungen der Eddalieder, wie auch auf die zahlreichen norwegischen und isländischen Sagas – also Texte, die nicht nur mythische Bilder und Vorstellungen beinhalten, sondern auch wirklichkeitsnahe Berichte über die Lebensweise von Menschen nordgermanischer Stämme.

Wenden wir uns nun der Phänomenologie von etwas Abwegigem zu, der Völkischen Idee. Hier bemächtigt sich das Politische der Vorgeschichte – ausgelöst durch den Konkurrenzkampf der Nationalismen des 19. Jhdts.

Es ist der Kampf um Ressourcen von Land, Rohstoffen und militärische Übermacht. Natürlich, wenn man an die Auseinandersetzungen der Völkerwanderungszeit denkt, kann man vielleicht auch hier unbewusste Rückerinnerungen vergangener Inkarnationen in Rechnung stellen.

Vordergründig ist die völkische Idee ein intellektuelles Derivat des 19. Jhdts. Der Mensch, verstanden nicht als geistiges, sondern als biologisches Gattungswesen wird im Kontext eines materialistischen Dogmas betrachtet. Seine Entwicklung in Zeit und Raum beruht auf dem darwinistischen Kampf aller gegen alle. Diese opportunistische Dimension der völkischen Bewegung muss man immer wieder hervorheben, weil diese ein ganz anderes Selbstbild für sich reklamiert. Es gibt aber auch hier durchaus noch ein tieferes Motiv: Nämlich die Sehnsucht nach dem Geistig-Unvergänglichen, das aber nicht in der geistigen Welt gesucht wird, sondern in einem falschen Zusammenhang: Nämlich in der unbegrenzten Existenzmöglichkeit der Rasse als physisch-biologischer Formgebung und in deren sozialer Ausprägung als Volk. So entwickelt etwa der Prähistoriker Jörg Lechler 1937 in seinem Buch *5000 Jahre Deutschland* das Ziel, „den Vorgeschichtsfreund in einer bunten Bilderschau durch unsere 5000-jährige Kultur zu führen ... daß wir uns wieder bewußt sind der Verbundenheit mit unseren Vorfahren, deren Geist und Blut aus Vorzeittagen her in uns weiterlebt." [123]

Seit den Achtziger Jahren des 19. Jhdts. bis in die unmittelbare Gegenwart tritt uns die völkische Ideologie insbesondere in ihrer (pseudo)-religiösen Gestaltung in zwei Formen gegenüber:

Als völkischer Pseudo-Okkultismus und als völkischer pseudowissenschaftlicher Materialismus.

So entstand der völkische Pseudo-Okkultismus mit Guido List und Lanz Liebenfels, trieb sein Unwesen noch bis in die Siebziger Jahre des 20. Jhdts. hinein in der Fraternitas Saturni mit Karl Spiesberger und manifestierte sich dann im Armanenorden. Auch Multiplikatoren wie der Esoterik-Verlag Hermann-Bauer waren daran beteiligt, indem z.B. Rudolf John Gorslebens *Hochzeit der Menschheit* nachgedruckt wurde. Seinen jüngsten Niederschlag findet dieses Gedankengut in den Arbeiten von Rainer Schulz. Einige Aspekte dieser Geisteswelt sind neben einem ins Metaphysische gesteigerten Rassenwahn mit ausgeprägter Opfermentalität eine völlig verquere Etymologie und eine frei erfundene Runenreihe.[124]

Der völkische Materialismus beruht hingegen auf einer Analogie zur freudo-marxistischen Milieutheorie: Er betrachtet den menschlichen Geist zwar nicht als Ausdruck sozialökonomischer Verhältnisse, sondern als mentalen Überbau der Gene. Und dabei kann er sich in freilich pseudowissenschaftlicher Verallgemeinerung auf zahlreiche „wissenschaftliche" Theorien berufen, von der Rassenpychologie über die Konstitutionslehre, die Verhaltensforschung bis hin zur Soziobiologie und Neurophysiologie. Als institutionelle Verkörperung dieser Sichtweise kann man die (mittlerweile verbotene) *Artgemeinschaft* betrachten. Aber auch ein rechtskonservativer Querdenker wie Stephan Magnet lässt Spuren einer entsprechenden Denkweise erkennen.[125]

Die Absurdität, den Begriff des Germanentums als eine unveränderliche homogene Grösse zu betrachten, ist selbst einem völkischen Philologen wie Hermann Güntert aufgefallen. Ganz präzise hat er sprachgeschichtlich dargelegt, dass bei den Germanen mindestens zwei recht widersprüchliche ethnische Ursprünge sichtbar werden: Zum einen eine alteingesessene bäuerliche und erdverbundene Megalithbevölkerung von ausgeprägtem Wirklichkeitssinn und zum anderen eine aus den „endlosen Steppen des Ostens" eingewanderte kampfeslustige, von innerer Unruhe und grosser Beweglichkeit gekennzeichnete Bevölkerung, auch als *Streitaxtleute* tituliert. Güntert sieht in dieser Widersprüchlichkeit den zentralen Wesenszug der „faustischen germanischen Seele".[126]

Das Problem von Homogenität und Unveränderlichkeit springt aber auch bei der Lektüre der Edda ins Auge: Hier begegnen einem Thursen und Zwerge, Nornen, Wanen und Asen, Thorskult und Odinskult. Es werden ganz unterschiedliche Schichtungen gemanischer Religiosität sichtbar, matriarchale, wilde animistische Kulte, Kulte mächtiger Kriegsherren und erdverbundener Bauern – es ist ein guter Teil der Widersprüche der langen und in vielen verschiedenen Phasen verlaufenen germanischen Geschichte – und es wäre ein grausamer Irrtum, zu vermuten, *ein Germane hätte an all das geglaubt*, so wie ein guter Konfirmand einstmals verpflichtet war, an den Katechismus mit Dreieinigkeit, Pfingsterlebnis und Auferstehung der Toten zu glauben.

Fassen wir aber noch einmal ins Auge, um was es *jetzt* im Religiös-Spirituellen eigentlich geht: Es geht im Kern um die gegenwärtige unmittelbare Gewahrwerdung des Übersinnlichen durch den verantwortlichen Einzelmenschen. Es geht um meditative Erfahrung, um ein Hineinlauschen in das eigene Innere, um sakramentales Handeln, um die Heiligung des eigenen Lebens, um die Anschauung des unvergänglichen Wesenskerns Deiner selbst.

Intellektuelle Liebhabereien, hypnotische Fremdeinflüsse in der eigenen Psyche und romantisierende An-

hänglichkeit an längst Vergangenes, das sind die Irr-
und Abwege. Friedrich Hölderlin schrieb irgendwann
um 1802 in seinem Gedicht *Germanien*:

„...Und rückwärts soll die Seele mir nicht fliehn
Zu euch, Vergangene! die zu lieb mir sind.
Denn euer schönes Angesicht zu sehn,
Als wärs, wie sonst, ich fürcht es, tödlich ists,
Und kaum erlaubt, Gestorbene zu wecken.

Entflohene Götter! auch ihr, ihr gegenwärtigen, damals
Wahrhaftiger, ihr hattet eure Zeiten!
Nichts leugnen will ich hier und nichts erbitten.
...

Und keiner weiß, wie ihm geschieht. Er fühlt
Die Schatten derer, so gewesen sind,
Die Alten, so die Erde neu besuchen.
Denn die da kommen sollen, drängen uns,
Und länger säumt von Göttermenschen
Die heilige Schar nicht mehr im blauen Himmel.

Schon grünet ja, im Vorspiel rauherer Zeit
Für sie erzogen, das Feld, bereitet ist die Gabe
Zum Opfermahl und Tal und Ströme sind
Weitoffen um prophetische Berge,
Daß schauen mag bis in den Orient
Der Mann und ihn von dort der Wandlungen viele be-
wegen.“

Der Odroerir-Mythos - Einblicke in Spuren einer indoeuropäischen Gnosis

Wir haben Soma getrunken,
wir sind unsterblich geworden,
wir sind zum Licht gelangt,
wir haben die Götter gefunden,
was mag uns Feindschaft nun antun,
und was, Unsterblicher, eines Sterblichen Bosheit.[127]

Obwohl Snorri den Odroerir-Mythos ausführlich erzählt, kann nicht gerade von einer ausgeprägten Popularität seines Inhalts die Rede sein. Das liegt vielleicht an seiner teilweise befremdlich wirkenden archaischen Anschaulichkeit, die mit elementaren körperlichen und organischen Widrigkeiten verbunden erscheint. Von Speichel ist hier die Rede, von Menschenblut, das mit Honig gemischt wird, von zerrissenen Leibern, bei denen nur ein Herz erhalten bleibt. Und von Ausnahmezuständen des seelischen Empfindens, die man meint, der Euphorie eines exzessiven Alkoholrausches vergleichen zu können.[128]

Die Geschichte beginnt schlicht mit dem Ende eines vorzeitlichen Kampfes oder Krieges: Dem Konflikt zwischen den geistigen Himmelsmächten, den Asen einerseits und den Mächten der Natur und des Wachstums, den Wanen andererseits. Dieser Kampf endet damit, dass nicht einer den anderen unterwirft oder vernichtet. Statt dessen gibt es ein Sakrament der Einigung. Beide Göttergeschlechter spucken gemeinsam in einen Kessel. Aus ihrem Speichel schaffen sie einen Menschen namens *Kwasir.* Dieser zeichnet sich durch seine Weisheit aus, an der er die Menschen auf weiten Reisen durch die Welt teilhaben lässt.

Ein wichtiger Gesichtspunkt an dem Mythos von Kwasirs Schöpfung ist die zahlensymbolische Qualität: Die Dualität der beiden Göttergeschlechter mündet durch ihre Vereinigung ein in das Trinitarische als Synthese. Die *Zwei* für sich gebiert das ausweglos Diabolische, wie die metaphysische Perspektivlosigkeit des Leib-Seele-Dualismus zeigt. Erst durch ihre Transformation in ein neues verbindendes Ganzes gebiert sie das Geistige!

Abb.14: Romanisches Kapitell aus St. Saturnina in Neuenheerse (1165)

Nun begegnete Kwasir zwei Zwergen, Fjalar und Galar, die ihn ermorden. Worin bestand wohl ihr Motiv? Sie waren offenbar bestrebt, an seiner Weisheit auf eine Weise zu partizipieren, die von Habgier und Besitzanspruch gekennzeichnet war. Denn sie entnahmen ihm das vergossene Blut und mischten es mit Honig. Daraus entstand ein Met, dessen Genuss Weisheit und Beredsamkeit verhieß: Eigenschaften, die vor allem für die Dichter der altnordischen Kultur, die Skalden von herausragender Wichtigkeit waren. Es ist übrigens, wenn wir an die Bedeutung der Dreizahl denken (s.o.!) nicht unwichtig, dass die Zwerge sein Blut in einen Kessel und zwei Krüge rinnen liessen. Der Kessel trägt den Namen *Odroerir*, während die anderen Gefäße *Son* (Sühne) und *Bodn* (Angebot) hiessen.[129] Erneut begegnet uns dann die Dreizahl bei den drei Nächten, die Odin bei Gunnlöd verbringt und der Aussage, dass er die drei Gefässe in diesen drei Nächten hintereinander leert (s.u.).

Abb. 15: Romanisches Kapitell - St. Cyriakus,
Abtei Gernrode (11. Jhdt.)

Abb. 16: Romanisches Kapitell St. Cyriakus,
Abtei Gernrode (11. Jhdt.)

Abb. 17: Romanisches Kapitell – Goslarer Dom (1040 - 1050)

Abb. 18: Romanisches Kapitell – Goslarer Dom (1040 - 1050)

Abb. 19: Romanisches Kapitell - Außenseite der Apsis der Neuwerkkirche, Goslar (12. Jhdt.)
Abb. 14 – 19: Motiv der Verbindung von Gegensätzen zu einer
neuen Einheit

Als diese beiden Zwerge nun den Riesen Gilling auf
einer Meerfahrt töten, machen sie sich verständlicherweise seinen Verwandten Suttung zum Feind. In der altnordischen Kultur war es üblich, dass man die Tötung
eines Sippenangehörigen rächte – mitunter, indem man
seinerseits den Mörder bedrohte. Suttung hätte die beiden Zwerge auf einer Sandbank festgesetzt und in der
Flut ertrinken lassen. Aber die Zwerge waren gewitzt:
Sie boten Suttung als Wiedergutmachung an, ihm den
Weisheitsmet auszuliefern. Nebenbei gesagt zeigt diese
Regelung das vernunftgemässe Rechtsempfinden jener
archaischen Epoche: Man konnte eine Tötung nach dem
Naturalprinzip ausgleichen. Bei einer Vergeltung nach

dem Prinzip „Auge um Auge" wurde nämlich schnell eine Kettenreaktion der Rache in Gang gesetzt, bei der am Ende niemand aus den beteiligten Sippen am Leben blieb!

Der Riese verwahrte den so gewonnenen Göttertrank wie einen Schatz: Tief verborgen im Inneren eines Berges und behütet von einer weiblichen Wesenheit namens Gunnlöd.

Damit ist die Geschichte aber noch nicht zuende. Die Götter sahen sich um die Symbolgestalt ihres Friedensschlusses beraubt. Und zugleich verfügten die Riesen jetzt als erdhafte dämonische Mächte über ein Quantum göttlicher Kraft und Weisheit, das den Göttern und Menschen vorenthalten blieb. An dieser Stelle tritt Odin auf den Plan, der sich entschliesst, den göttlichen Rauschtrank wieder in den Besitz der Götter zu bringen. Wie für Odin typisch, tarnt er sich, begibt sich in gewandelter Gestalt auf die Erde: Als wandernder Landarbeiter trägt er hier den Namen „Bölwerk", *böse Tat*! Wieder haben wir hier einen Hinweis auf die Bewertung Odins in der altnordischen Kultur: Von einer vertrauensvollen Einstellung kann dabei wohl keine Rede sein!

Er verstrickt die neun Knechte des Riesen Baugi, einen Verwandten des Suttung, in einen Streit. Dabei erschlagen diese sich gegenseitig mit ihren Sensen. Als sich Odin / Bölwerk bei Baugi meldet, engagiert dieser ihn als Knecht, so dass er einen ganzen Sommer über die Arbeit der neun Knechte verrichtet. Als der Winter anbricht, verlangt Odin seinen Lohn. Dieser soll in einem Trunk von jenem Skaldenmet bestehen. Baugi sucht mit ihm Suttung auf, um diesem die Kostprobe des göttlichen Rauschtrankes abzuluchsen. Suttung aber lehnt ab. Der heilige Met ist ihm zu kostbar, um davon etwas abzutreten. An diesem Punkt kommt die moralische Fragwürdigkeit beider Seiten, der Asen wie auch der Riesen zum Vorschein: Die Riesen haben die Tendenz, einen „Arbeiter" um seinen Lohn zu prellen. Der so Geprellte ist bereit, seinen „Ausbeuter" durch Täuschung um dessen Eigentum zu bringen. Das Wesen dieses Eigentums beruht aber selbst auf Diebstahl, wie die Vorgeschichte zeigt.

So muss Odin zu einer List greifen. Baugi scheint ihm dabei helfen zu wollen. Er bohrt ein Loch in den Berg, in welchem die den Met hütende Gunnlöd sitzt. Odin verwandelt sich dann in eine Schlange, um so in den Berg zu gelangen. Während er in gewandelter Gestalt durch das Bohrloch kriecht, sticht Baugi mit dem Bohrer nach ihm: Die Feindseligkeit der Riesen gegenüber den Göttern ist offensichtlich! Aber schließlich ist Odin ins Innere des Berges gelangt – und hier wartet Gunnlöd schon auf den Gott, der sie lustvoll überwältigt. Drei Nächte bleibt er dort. Und Gunnlöd belohnt ihn für die erlangte Lust: Drei Schluck von dem heiligen Göttertrank überlässt sie ihm als Lohn. Odin geht hier aufs Ganze: Er lehrt alle drei (!) Gefässe, in denen das kostbare Nass aufbewahrt war, so dass nichts davon zurückbleibt. Nun tritt er seine Flucht an: Er verwandelt sich in einen Adler und fliegt zurück nach Asgard. Suttung im Angesicht seiner Beraubung wird gleichfalls zum Adler und folgt ihm unerbittlich. Aber Odin entkommt. Als er endlich Asgard erreicht, speit er den Met in bereitstehende Gefässe. Nur ein klein wenig lässt er „nach hinten" fahren, „der schlechten Dichter Teil".[130]

Soweit der Inhalt des Odrörir-Mythos im folkloristisch-anekdotischen Sinne.

Auch im alten Indien begegnet uns dieser Mythos als Raub des Rauschtrankes *Soma* durch *Indra*, den König der Götter. Soma hat im altindischen Rigveda eine hohe

Bedeutsamkeit und wird in zahlreichen Hymnen angerufen und verehrt. Er ist im Grunde die Personifikation eines Rauschtrankes, der aus einer mysteriösen Pflanze gewonnen wurde. Die Wortbedeutung ist: „das Ausgepresste". Dieser Trank steigerte den Enthusiasmus, die Beredsamkeit und die Kampfeslust. Seine Auswirkung ist ein ekstatisches Empfinden von transzendentem Ausmaß. Die zugrundeliegende Pflanze war aufgrund ihres Vorkommens in abgelegenen bergigen Regionen nicht nur schwer zu beschaffen – ihre Kostbarkeit resultierte eben auch aus der bewusstseinserweiternden Wirkung, durch die man ihr den Rang einer Gottheit zuerkannte.[131] Daran schliesst sich in jüngeren Teilen des Rigveda das mythische Bild an, das den Blick auf den mit Soma gefüllten Kelch verbindet mit dem Anblick des Vollmondes. Seine hohe Wertschätzung macht dann auch die Legendenbildung um seinen Raub verständlich. Die damit verbundene Imagination ist eine ähnliche, wie beim Odroerir-Mythos: Indra verwandelt sich in einen Falken oder Adler, er raubt den Trank von dämonisch-chthonischen Wesenheiten und überbringt ihn durch die Lüfte fliegend den Göttern, die Rede ist u.a. von Manu.

In dem rund dreitausend Jahre alten Rigveda[132] heisst es dazu:

„Berauscht zerbrach ich auf einmal die neunundneunzig Festungen des Shambara und zur Vollständigkeit als hundertsten den Bewohner selbst.

...

Voran den Vögeln, o Maruts, soll der Vogel sein, voran den Falken der Falke, der schnellfliegende, weil er, der Schönbefiederte, aus eigener Kraft ohne Räder dem Manu die gottgefällige Opferspeise bringt.

Ob er sie bringen werde? Davor bebend wurde der Vogel, der gedankenschnelle, auf den weiten Weg ent-

sandt. Schnell gekommen ist er mit dem Somatrank, und
Ruhm erlangte hier der Falke.

Voranschießend sich den Stengel nehmend brachte
der Falke aus der Ferne, der Vogel, den erfreuenden
Rauschtrank, den Soma, den Götterfreund, ihn festhal-
tend, nachdem er ihn aus jenem höher gelegenen Himmel geholt hatte.

Nachdem er ihn genommen hatte, brachte der Falke
den Soma, (die Menge für) tausend und zehntausend
Pressungen auf einmal. Dort ließ der Füllebringer die
Übelgesinnten zurück, der in der Begeisterung des
Soma die Törichtcn."[133]

Die hellenistische Version dieses Mythos ist noch
weniger populär – obwohl sie mit einer Reihe äusserst
wirkmächtiger Gestalten operiert. Für die Orphiker als
einem der wichtigsten hellenistischen Mysterienkulte
war dieses Geschehen jedoch von zentraler Bedeutung:
Zeus dringt in die Unterwelt in Gestalt einer Schlange
vor, wo er mit Persephone den Gott Bacchus zeugt. Man
erinnert sich daran, dass Persephone als Tochter der
Erdgöttin Demeter durch Hades in die Unterwelt ent-
führt wurde. Hier ins Unterirdische verdammt, ist sie
dennoch Herrschende als Gemahlin des Hades / Pluto.
Der Lohn für die von ihr erlittene Gewalt ist eine Position der Herschaft im Reich der Schatten. Darin
gleicht sie der im Innern eines Berges auf goldenem
Thron lockenden Gunnlöd.

Bacchus, auch genannt Zagreus, ist der Gott des Wei-
nes als berauschendem, Ekstase erzeugenden Trank.
Aber ein dem Tod Geweihter! Er wird von den Titanen
zerrissen, aufgehetzt von der eifersüchtigen Hera, der
Gemahlin des Zeus. Nur das Herz des Bacchus verbleibt
Zeus übrig als Kraftquell. Dieser organische Kern des

zerrissenen Organismus ermöglicht es ihm, mit Semele den Gott erneut zu zeugen: Und das ist dann Dionysos![134]

Im homerischen Dionysos-Hymnus wird lebhaft geschildert, wie der von Piraten gefangene Dionysos ein
Wunder bewirkt, indem er auf dem Schiff inmitten des
Meeres einen riesigen traubenbeladenen Weinstock her-
anwachsen lässt![135]

Hier haben wir also wie in den anderen Mythenkreisen einen primären Gott des Himmels, der mit einer
chthonischen weiblichen Gestalt am Schicksal eines
Gottes wirkt, welcher das Rauschhaft-Ekstatische verkörpert. Es ist die Rettung eines durch feindselige
Mächte Vernichteten, dem durch die Macht des Himmels eine erneute Transmutation zur Erscheinung ermöglicht wird. Interessant ist an diesem Mythos natürlich seine präformative Rolle für die Jesus-Biogra-
phie[136]: Eine himmlische Gottheit zeugt mit einer erd-
haften weiblichen Gestalt einen Gott. Dieser zeichnet
sich aus durch seine Allverbundenheit mit der vegetativen Natur: Sein Blut ist das „Blut" der Trauben. Be-
droht von transzendenten Mächten gleichsam dämoni-
schen Wesens muss er leiden und sterben. Doch sein
Vater errettet ihn vom Tode, indem er ihm durch erneute Zeugung den Auferstehungsleib eines wiedergeborenen Gottes verleiht. Eines Gottes, der als Dionysos das
Wesen des Bacchus in erhöhter gleichsam potenzierter
Form repräsentiert. Wie bei der Zeugung des Jesus gibt
es zunächst die Empfängnis der Maria. Das Blutopfer
von Golgatha aber lässt sein Blut hinabrinnen in den
Schoss der Erdgöttin, dieses Blut ist hier wie ein Same
zu verstehen, der den übersinnlichen Leib des Aufer-
standenen mit ihr erzeugt. Schrieb nicht auch Paulus:
„Es wird *gesät* ein natürlicher Leib und wird auferstehen

ein geistlicher Leib" (1. Korinther 15, 44).

Bedeutsam erscheint mir in diesem Zusammenhang ein archäologisches Faktum, von dem sogar christliche Legenden berichten: Wo im heutigen Jerusalem in der Grabeskirche das Grab Jesu gezeigt wird, befand sich in hellenistischer Zeit ein Tempel der Aphrodite![137]

Wenn man bedenkt, wie weit die jüdische Bevölkerung Palästinas vor 2000 Jahren hellenisiert war, ist es durchaus naheliegend, einen Zusammenhang zwischen einem griechischen Mythos und den Evangelienberichten zu vermuten. Vergleicht man nun den Bacchus/Dionysos-Mythos mit dem Odroerir-Mythos, fällt ein anderes wichtiges Faktum ins Auge: Jener Gott, der den Rauschtrank hier in Gestalt eines neuen Gottes aus der chthonischen Umklammerung und Fragmentierung errettet, ist der Himmelsgott Zeus. Es ist ein Gott des grenzenlosen himmlischen Äthers, der Blitze schleudernd und donnernd als Gebieter in Erscheinung tritt. In der mythologischen Systematik entspricht er eigentlich dem germanischen Thor als dem Donnerer und Tyr als dem Gott des unendlichen Himmelsraumes.

Auch der Blitze schleudernde indische Indra verkörpert ein entsprechendes Pendant und es ist nicht verwunderlich, dass er gleichfalls in einem Mythos auftritt, in dem es um Diebstahl und Wiedergewinnung eines göttlichen Rauschtrankes geht. In der germanischen Version des Mythos hingegen ist die eigentlich Thor bzw. Tyr zukommende Rolle von Odin übernommen worden! Das ist also ein weiteres Beispiel dafür, dass Odin offenbar einen Bereich okkupiert hat, mit dem er in älteren Phasen der germanischen Religionsentwicklung noch nicht betraut gewesen sein kann!

Schaut man sich den Gestaltwandel der prinzipiell in allen Mythen anthropomorph vorgestellten Himmelsgötter an, treten weitere Übereinstimmungen ins Bild: Sowohl Odin als auch Zeus verwandeln sich in schlangenartige Wesenheiten, um zu einer unterirdischen bzw. unterweltlichen Göttin vorzudringen. Diese Verwandlung ist jedoch kein Zeichen einer unaufhebbaren Dämonie, sondern lediglich Ausdrucksform der Herabkunft ins Stoffliche. Die Symbolik wirft aber ein eigenartiges Licht auf die Unvereinbarkeit zwischen den Lichtwesen und den Schlangengestaltigen, die der jüdisch-christliche Mythos propagiert. Die Schlange ist nämlich im gnostischen Mythos „der Erlöser". Das war jedenfalls die Sichtweise der gnostischen Ophiten, die einen Zusammenhang herstellten zwischen der Schlange des Paradieses, der erhöhten ehernen Schlange des Moses und der Erhöhung des Christus am Kreuz. Dazu passt das Wort des Christus an seine Jünger: „Siehe, ich sende euch wie Schafe mitten unter Wölfe! Darum werdet klug wie die Schlangen und ohne Falsch wie die Tauben!"[138]

Abb. 20: Osnabrücker Dom (spätromanisch, 12. Jhdt.)

Abb. 21: St. Michael /Hildesheim (frühromanisch, 11. Jhdt.)

Abb. 22: Magdeburger Dom (13. Jhdt.)

Abb. 23: St. Dionys, Esslingen (Um 1300)
Abb. 20 - 23: Die Schlange in der mittelalterlichen „christlichen"
Ikonographie

Anschliessend wird ein erneuter Gestaltwandel vorgestellt, nämlich in einen Menschen als geschlechtlichem Wesen. Ein Vorgang, bei dem eine dominierende himmlische Gestalt in sexuellem Kontakt mit einem chthonischen Wesen und oder einer menschlichen Frau steht, deutet zudem auf einen bestimmten alten Typus des Rituellen: Die heilige Hochzeit, auch *Hieros Gamos* genannt! Der Wiederaufstieg der Wesensessenz des Ekstasegottes geschieht mittels einer weiteren Transformation: Der menschengestaltige Gott wird zu einem Vogel. Odin und Zeus verwandeln sich in einen Adler, Indra in einen Falken. Der bis in höchste Himmelshöhen entkommende Geflügelte spiegelt die engelhaften Wesenheiten wider!

Zunächst einmal ist dieser Mythos in einer Hinsicht überaus lehrreich: Er zeigt, dass ohne eine systematische Erforschung der indoeuropäischen Parallelen die von den Nordgermanen tradierte Form des Mythos nicht in wirklich umfassender Weise verstanden werden kann. Die ungeheure Bedeutung der vergleichenden Mythologie und ihrer Quellen tritt bei diesem Beispiel unabweisbar zu Tage. Diesen Ansatz vertraten ja auch schon Jacob und Wilhelm Grimm in der *Deutschen Mythologie*. Im Verhältnis zu dieser wahrhaft globalen kulturübergreifenden Erkenntnisarbeit bereits des 19. Jhdts. fallen die modernen Adepten neuheidnischer Religionsschöpfungen weit zurück. Aber auch esoterische Deutungen wie z.B. aus dem Bereich der Anthroposophie machen sich dieser monokulturellen Betrachtungsweise schuldig. Rudolf Steiner beispielsweise vertrat die Hypothese einer kulturellen Evolution, die vom alten Indien über den Iran, eine „ägyptisch-chaldäische" Kultur sowie die griechisch-römische Epoche schließlich einmündete in einen germanisch-europäischen westlichen Kulturraum. Dies entsprach der Kulturphilosophie des Bildungsbürgertums am Ende des 19. Jhdts. - einer Betrachtungsweise, der noch weitgehend der Überblick fehlte für eine reale Genese der Kulturen. Es ist beispielsweise bezeichnend, dass in diesem kurzschlüssigen Schematismus weder eine tocharische, noch die tamilische oder z.B. die Industalkultur ihren Platz finden können. Auch die vorindogermanischen Kulturen Europas wie der Minoer, der Etrusker oder der Megalithiker lassen sich in derartigem Schubladendenken schwer einordnen.

Hingegen darf als grundlegende Einsicht der Indogermanistik gelten, dass die grossen Kulturen der Inder, der Iraner, der Hethiter, der Griechen, Römer und Kelten aber auch der Slawen und Germanen verschlungene Ausstrahlungen von einem bis heute unerkannten geographischen Urzentrum darstellen. Simple lineare Chronologien geschweige denn in östlich-westlicher Richtung verlaufende Wanderungsbewegungen und ähnliche eindimensionale Kausalitäten werden der Komplexität der indoeuropäischen Kulturentwicklung nicht gerecht.

Vergleichen wir jetzt die drei hier erfassten Versionen des Mythos, so fällt Folgendes auf: Die Version der Jüngeren Edda beinhaltet die detailreichste Vorlage. Ihre Schilderungen sind hochkomplex. Der hier erwähnte „Gottmensch" Kwasir bewegt sich ausserhalb der populären germanischen Mythen. Er kann aber, wenn man den indischen Soma und den griechischen Bacchus/Dionysos dagegenhält, keine mittelalterliche literarische Fiktion sein. Im Odroerir-Mythos stirbt dieser Gott, sein ganzes weiteres Schicksal betrifft seine in ein flüssiges Substrat gebannte Geisteskraft, deren Ursprung seinen Ausgang aus der Leiblichkeit der Götter nahm. Ob diese Wandlung später wieder in eine neue eigenständige Leiblichkeit einmündet, wissen wir nicht. Die Idee, dass der Genuss des aus seinem Blut destillierten heiligen Metes eine den Dichter inspirierende Kraft verheisst, spiegelt ein bestimmtes Konzept wider: Es ist die auch im christlichen Altarsakrament gegenwärtige Überzeugung, dass hier eine Art dauerhafte Transsubstantiation vorliegt: Ein Trank, der die Kraft des Geistes eines getöteten Wesens beinhaltet, die sich wiederum dem Geist des Trinkenden mitteilt.

Hier schwingt aber nicht nur die schon in der alttestamentlichen Torah vorhandene Idee mit, dass das Leben eines Wesens in seinem Blut gegenwärtig ist – was Anlass zu dem Tabu oder Verbot gab, es zu verzehren. Das sakrale Gegenbild zu dieser Sanktionierung bildet die Scheu gegenüber der Heiligkeit des Blutes, welche Ehrfurcht und Verehrung erheischt.[139]

Ob die Tötung Kwasirs ein Mord oder eine rituelle Opferhandlung darstellt, bleibt unklar. Das gilt z.B. auch für einen anderen Fall der nordischen Mythologie, nämlich für die Tötung des Urriesen Ymir, aus dessen Leib die Asen den Kosmos hervorbringen. Der gleiche Vorgang stellt sich im altindischen Mythos als Opferungsgeschehen dar![140]

Von Bacchus / Dionysos wissen wir zumindest, dass dessen Tötung in seinen entsprechenden Mysterien ein gleichsam rituelles Geschehen darstellt.[141] Im indischen Rigveda tritt der Gott Soma in wörtlicher Rede auf, so dass er als lebendes Wesen aufgefasst werden kann. Allerdings spricht der von uns hier zitierte Text von der Soma-Pflanze. Von einem Stengel ist die Rede, aus der man soundsoviele Pressungen erzielen könne.

Wie man sich also folglich Soma an diesem Punkt vorzustellen hat, ist unklar – allerdings spielt er als kultischer Gott im gesamten Rigveda eine höchst bedeutsame Rolle.

Dies lässt sich beispielsweise an der hohen Zahl der ihm gewidmeten kultischen Hymnen ablesen.[142]

Abb. 24: Ausschnitt aus einer Kreuzigungs-Darstellung (Soest um 1230) Gemäldegalerie – Staatliche Museen zu Berlin

Der gemeinsame Nenner in allen drei Mythenkreisen ist aber schon eindeutig: Eine vormalige organische Einheit, in der Edda ein Mensch, in der griechischen Überlieferung die Traube (Bacchus) und in der indischen Legende eine heilige Pflanze werden in ihrer organischen Struktur zerstört, um in höherer, vergeistigter Form wieder aufzuleben.

Spätestens jetzt müssen wir auf die eigentliche Bedeutung des Wortes *Odroerir* zu sprechen kommen: Nach Simek umschreibt der altnordische Begriff „den zur Ekstase anregenden".[143]

Die grosse Gefahr in der literarisch-folkloristischen Begeisterung für die germanischen Mythen erscheint mir durch diese vergleichenden Betrachtungen gebannt: Dass es sich hier um ein spektakuläres Märchen handelt, dass man sich zur abendlichen Unterhaltung am Lagerfeuer erzählt hat, um sich zu erfreuen, oder gar, sich „zu gruseln". Es sind genau diese Trivialisierungen und belletristischen Banalitäten, bei der die gesamte metaphysische Komplexität des germanischen Geistes unter den Teppich gekehrt wird. Es geht ja im germanischen Mythos um den „Skaldenmet". Wer aber waren denn die *Skalden*? Bekannt ist, dass es sich um höfische Dichter handelte, die seit dem 8. Jhdt. verstärkt an den Königshöfen z.B. Norwegens in Erscheinung traten. Man muss aber bedenken: „Den frühen Skalden wurden göttliche Inspirationen nachgesagt; Bragi Boddason wurde sogar als Gottheit betrachtet"[144]

Wenn hier in jeweils ganz unterschiedlicher Weise das Geheimnis des Todes als Weg zu einer neuen höheren Form des Lebens beschrieben wird, dann werden wir in diesem Mythos mit einem zentralen Thema der spirituellen Entwicklung des Menschen konfrontiert:

Der Erneuerung des Menschen durch seine Gottwerdung auf dem Wege einer Wiedergeburt, deren Voraussetzung ein mystisch verstandenes Sterben darstellt. Schon der Begriff der „Ekstase" in der Etymologie von O*droerir* beweist, dass die Bezeichnung „Dichtermet" eine banalisierende Irreführung seiner wahren Bedeutung zur Folge hat. Die rauschhafte Ekstase, die auch in den dionysischen Mysterien eine ebenso wichtige Rolle spielt, wie in den vedischen Ritualen des Somagenusses, besagt keine kulturmorphologisch evidente Verherrlichung psychoaktiver Drogen. Es handelt sich viel eher um Metaphern auf die Erkenntnis, dass radikale psychische Transmutationen im Leiblichen zu einer ebenso radikalen Form von Bewusstseinserweiterung im Spirituellen führen kann!

Es ist von essentieller Wichtigkeit, eine derartige Affirmation vorchristlicher Mythen zu begreifen – um nicht dem exoterischen neuheidnischen Wahn zu verfallen, die Mythen als bloßen Verweis auf etwas Idyllisch-Naturalistisches misszuverstehen.

Übrigens ist dabei nicht auszuschliessen, dass alkoholische Getränke in Ritualen altindischer, altgriechischer und altgermanischer Mysterienbünde eine Rolle gespielt haben mögen. Das war aber in jedem Fall eingebettet in ein überliefertes Ritualwesen, zu dem der Einzelne unter Voraussetzungen einer bestimmten spirituellen Reife, einer bestimmten Höhe seiner Bewusstseinsentwicklung Zugang hatte. So war ja ursprünglich auch das heilige Mahl des Altarsakraments im frühen Christentum, der rituelle Genuss von Brot und Wein zu verstehen. Nicht als magischer Automatismus, der lediglich auf einer kirchenamtlichen Legitimation beruhte.

Dass die alten vedischen Lobeshymnen auf den Soma und auf den heiligen Met der Edda keine blossen

Milieustudien eines höfischen Alkoholmissbrauchs darstellen können, zeigen einige Eddaverse selbst:

Nicht ist so gut, wie sie gut es nennen,
das Äl den Erdensöhnen;
denn es hat der Mann, je mehr er trinkt, desto weniger
Bewußtsein.

Berauscht ward ich, ward riesig berauscht,
bei Fjalar, dem vielklugen;
das beste am Rausch ist, daß zurück ein jeder sein Be-
wußtsein gewinnt.[145]

Versuchen wir anhand der symbolischen Formen der mythischen Erzählung noch etwas weiter in den Gehalt des Odroerir-Mythos einzudringen.

Da ist zunächst der Ausgangspunkt der Gottheitsgestalt des Ekstatischen, sein Ursprung und seine Herkunft. Wenn wir von einem Gott reden, ist das eine personalisierte, anthropomorphe Ausdrucksform des höchsten Geistes. Diese Wahrnehmungsform ist zwar illusionär – aber als auf der physischen Ebene lebende Wesen müssen wir uns eben unvollkommener Mittel bedienen, um höchste metaphysische Gegebenheiten zu erfassen und auch darüber etwas mitzuteilen. An Kwasir als (noch) lebendem Wesen ist zunächst einmal Folgendes interessant: Er verbindet in sich unterschiedliche, eigentlich gegensätzliche göttliche Mächte, nämlich die Asen und die Wanen. Normalerweise kommen aus dem Munde eines Wesens Laute der Sprache, aber auch der Odem – als Einzuatmendes oder Ausgeatmetes. Beides ist metaphysisch und lyrisch verwertbar – der Speichel gehört in den „Hochkulturen" eher nicht dazu. An diese Tabuisierung hielten sich die Germanen aber nicht. Diese zwei unterschiedlichen Götterkräfte strömen in einen Kessel – Sinnbild von Leiblichkeit als Gefäß. Hieraus wird also ein besonders weiser Mensch – im Grunde ist dieses Wesen Mensch und Gott zugleich. Dieser Mensch hat gegenüber anderen Menschen offenbar sogar einen besonderen Auftrag – denn der Mythos berichtet, dass er überall bei anderen Menschen unterwegs war, um ihnen von seiner Weisheit mitzuteilen. Schon diese gottmenschliche Dualität erinnert an Jesus Christus – dessen Zwiespältigkeit zwischen Menschlichem und Göttlichem ja gerade zu den jahrhundertelangen Kontroversen kirchlicher Christologie führte.

Ein weiterer Aspekt verbindet diese Gestalt mit frühchristlichen Überlieferungen, wie wir sie besonders in den Mythen der Gnostiker finden: Die Vorstellung, dass sich in Jesus als besonderem Gottgesandten mehrere transzendente Wesenheiten verkörpert haben. So finden wir, stellvertretend für ähnliche Ideen bei vielen anderen gnostischen Gruppen bei den *Ophiten* folgende Vorstellung: *Christus* und *Sophia* seien transzendente Wesenheiten, die in einer Wechselbeziehung stehen. Beide seien zusammen auf Jesus anlässlich der Jordantaufe herabgestiegen, während sie ihn bei seinem Tod wieder verließen. Dem wäre dann seine Auferweckung in einem „psychischen Leib" gefolgt.[146] Das bedeutet folglich, dass die nordgermanischen Stämme des Mittelalters noch über eine Überlieferung verfügen, deren Gegenstand eine gnostische Version des *Avatara* darstellt, einer „Herabkunft"[147] der Götter.

Dass das Problem Jesu als eines Zwischenwesens zwischen Mensch und Gott anhand der hellenistischen Mythen verständlicher gemacht werden kann, hatte schon Friedrich Hölderlin erkannt.[148]

Betrachten wir nun die Beziehung zwischen dem

Göttlichen und Menschlichen im griechischen Mythos. Die Verbindung zwischen Zeus und Persephone findet statt zwischen einem Gott und einer Göttin. Allerdings ist Zeus der Gott des himmlischen Äthers, während der besondere Charakter Persephones als Tochter der Erdgöttin Demeter daraus resultiert, dass sie zu den chthonischen, vegetativen Bereichen des Stofflichen in engerer Fühlungnahme steht. Sie ist gezwungen, sich in jahreszeitlichem Wechsel zwischen Ober- und Unterwelt zu bewegen. Das Ergebnis der Verbindung zwischen Zeus und Persephone, Bacchus, ist ein Gott, der seinerseits Tod und Auferstehung, also einem zyklischen Wechsel zwischen physischer Lebenswelt und Unterwelt unterworfen ist. Der „dialektische" Akt der Synthese des Speichels von Asen und Wanen entspricht der Verbindung gegensätzlicher Kräfte, wie wir sie in Zeus und Persephone vorfinden. Kwasir als Wesen entspricht Bacchus. Vielleicht kann man Persephone und ihren steten Wechsel zwischen Ober- und Unterwelt als Allegorie des Rades der Geburten und Tode bewerten, dem Zyklus der In- und Exkarnationen, der die menschliche Seele im Normalfall unterworfen ist. In diesem Zustand ist die Seele (Persephone), weil sie aus der Ursprungsharmonie der Seligen herausgerissen wurde: Im Demeter-Mythos dargestellt als Raub der Göttin durch den Unterweltsgott Hades / Pluto.

Zeus als Herr der himmlischen Lichtwelt beschließt, eine Wende in diesem Schicksal der „gefallenen" Seele herbeizuführen. Durch die Kopulation des Zeus mit Persephone bringt er eine neue Qualität des Göttlichen in die Unterwelt: Die Kraft der Ekstase. Die Verbindung von Zeus und Persephone und die Zeugung des Bacchus entspricht der Zeugung von Jesus durch den heiligen Geist in Maria. Die Verwandlung von Wasser in Wein anlässlich der Hochzeit von Kana zeigt deutlich diesen Zusammenhang zwischen Bacchus und Christus.[149] Die Bedrohung des Bacchus und seine schliessliche Tötung entspricht der Ermordung Kwasirs durch die Zwerge. Im griechischen Mythos vollziehen diesen Totschlag die Titanen als chthonische Wesenheiten, die die Welt vor der Machtergreifung der Götter beherrschten. Im gnostischen Mythos sind es die Archonten als Herrscher der Stoffeswelten, deren Ziel darin besteht, den Wiederaufstieg der göttlichen Lichtfunken zu ihrem Ursprung aufzuhalten. Sie sind die wahren Verfolger Jesu im Hintergrund. Im germanischen Mythos wird der Kampf der Stoffesmächte gegen die Seele noch auf einer weiteren Stufe symbolisiert: Während die Zwerge Kwasir töten, bemächtigen sich die Riesen seiner Seelenessenz (symbolisiert durch den heiligen Met), indem sie ihn in das Innere eines Berges hineinbannen. Das Bergesinnere ist in der mitteleuropäischen Sagenwelt ein bekanntes Sinnbild der Unterwelt. Die zweite Verkörperung des Gottes Bacchus durch die Beziehung zwischen Zeus und Semele führt den in der Unterwelt gefangenen Seelenfunken wieder eine Stufe höher hinauf: Denn der daraus entstehende Gott Dionysos darf sich einreihen in die Gemeinschaft der oberen Götter! Im germanischen Mythos entspricht die sexuelle Vereinigung Odins / Bölwerks mit Gunnlöd der Verbindung von Zeus und Semele. Wer aber ist Semele? Sie stellt als Tochter des irdischen menschlichen Königs Kadmos und der Göttin Harmonia wiederum ein Wesen dar, das als Zwischenstufe zwischen Menschen und Göttern betrachtet werden kann. Dabei werden wir wieder an den Friedensschluss zwischen den Asen und Wanen erinnert, dessen Ziel die Synthese im Gegensatz zu Feindseligkeit und gegenseitiger Zerstörung darstellt.

Analysiert man die Herkunft des Dionysos in Bezug auf die Beziehung zwischen Menschlichem und Göttlichem, so kann man sagen, dass es eine Abstufung, eine partielle Synthese zwischen menschlichen und göttlichen Qualitäten ist, die hier zustande kommt, die aber in letzter Konsequenz, was die Gestalt des Dionysos betrifft, in eine vollständige Gottwerdung einmündet.

Tritt man einen Schritt zurück und betrachtet die symbolischen Elemente der beschriebenen Mythen, so werden zwei Bewegungsprozesse deutlich: Einmal der Abstieg oder Niedergang eines ursprünglich göttlichen Wesens oder seiner Wesenssubstanz von einem himmlischen, geistigen Ursprung in Bereiche des Stofflichen, des Physisch-Vegetativen. Die Bewegungsrichtung vertikal-degressiv, von den Göttergeschlechtern zu den Zwergen und Riesen und dann weiter ins Innere eines Berges, vom himmlischen Zeus hinein ins Reich des Hades. Der durch dämonische Stoffesmächte bewirkte Tod des Wesens (Die Ermordung durch die Zwerge oder die Zerreissung des Bacchus durch die Titanen) und seine Hineingebanntheit in ein stoffliches Substrat (den aus Blut gewonnenen Met, den Riesen verborgen halten wie auch das Herz des Bacchus als Quintessenz des Gottes) wird als mehrstufiger Abstieg umschrieben. Dem folgt ein Eingriff „von oben“, Odin, Zeus oder Indra, der die essentiellen Bestandteile des von den chthonischen Mächten Geraubten wieder befreit, aus dem Stofflichen herauslöst und zurückbringt in die Welt der Gottheiten. Im christlichen Kontext wird der ganze Prozess sinnbildlich gestaltet als Inkarnation, Kreuzigung, Auferstehung und Himmelfahrt.

Die Elemente der gnostischen Imaginationen findet man in besagten Mythen vollständig vor: Den göttlichen Usprung der Seele, ihren Fall, ihre Verstrickung durch transzendente Stoffesmächte, die andere Absichten hegen, als die Götter, den Eingriff der Götter zur Errettung und Reemanzipation der Seele, die Wiederherstellung der ursprünglichen Größe der Seele durch Tod (Ausscheidung der stofflichen Artefakte) und Wiedergeburt. Und zwar Wiedergeburt durch einen allegorisch-mystisch zu verstehenden Vorgang der Empfängnis zwischen einer männlich symbolisierten ausschließlich göttlich-geistigen Macht gegenüber einem als weiblichgottmenschlicher Seelenwesenheit verstandenen Menschen. Und schliesslich den erneuten Aufstieg der Seele in ein himmlisches Reich, in welchem sie in Gemeinschaft mit göttlichen Wesenheiten fortzuleben vermag. Beispiele für solche gnostischen Überlieferungen wären etwa das *Lied von der Perle*[150], die *Pistis Sophia*[151], die *Sophia Jesu Christi* oder der *Dreiteilige Traktat*[152].

Die Idee, dass der von Odin gesicherte Göttermet zur Inspiration der Dichter dienen kann, zeigt, dass der geläuterten, wieder zu den Göttern aufgestiegenen Wesensessenz Odroerirs auch die Möglichkeit erneuter Herabkunft offensteht. Diese freiwillige Gabe der Götter an Menschen, die nach Inspiration streben, entspricht der Funktion der Bodhisattvas: Solange es noch des höchsten Geistesgutes Bedürftige gibt, die als Leidende wahrgenommen werden, kehrt der erleuchtete Adept immer wieder aus eigenem Antrieb zur Erde zurück.

Kritische Leser könnten natürlich argumentieren, dass diese Darstellung im Grunde das Christentum nachdrücklich rehabilitiert. Wenn man in den Evangelien eine mystisch-allegorisch zu verstehende Lebensbeschreibung eines Gottmenschen liest, würde das bedeuten, dass das Christentum als legitime Nachfolgerin lediglich eine Mysterienweisheit tradiert, die es zeitgemäß sowie mit Lokalkolorit versehen weiterentwickelt hatte.

Der Odrörirmythos beweist aber in seiner detailreichen Komplexität, dass gerade die germanische Kultur über dieses Mysterienwissen schon in vollständiger Weise verfügt haben muss, als die christlichen Missionare im frühen Mittelalter ins nördliche und mittlere Europa vordrangen. Damit ist dann der religiöse Alleinvertretungsanspruch der christlichen Kirchen und sein historisches missionarisches Selbstverständnis gerade in Mitteleuropa erheblich relativiert.

Aus der germanischen Überlieferung heraus gibt es zu diesem Mythenkomplex noch einen bedeutsamen „Nachtrag": Und das ist Odins Selbstopfer an der Weltenesche.

Es ist charakteristisch, dass diese im Havamal des 13. Jahrhunderts überlieferte Geschichte als Ausdruck einer schamanistisch-magischen Seite Odins betrachtet wird. Nachdem die Mythographen festgestellt haben, dass Odin schon als Göttervater u.a. von Thor und Baldr in Erscheinung tritt, figuriert er nicht nur als Oberhaupt aller Göttinnen und Götter, sondern in seiner Funktion als Kriegsgott auch als Übervater der menschlichen Gesellschaft in Form von kriegerischen Männerbünden sowie als Stammesgott. Indem Odin nun auch noch als mystisch tätiger alter weiser Mann agiert, besetzt er eine weitere archetypische Rolle, was seine Bedeutsamkeit immer stärker anreichert. Das entspricht Odins Tendenz, andere zu verdrängen und sich selbst erfolgreich in den Vordergrund zu spielen.

Allerdings könnte man das auch mit einer Beziehung in Verbindung bringen, die für die archaische Gesellschaft gleichfalls von entscheidender Bedeutung ist: Die Position des alten *heiligen Königs*, der das Politische mit dem Sakralen, das Erdhafte mit dem Transzendenten verknüpft. Auch diese Funktion also, die man durchaus in Baldr widergespiegelt findet, welcher den für einen Sakralkönig typischen und in besonderen Situationen vorgesehenen Opfertod erleidet, masst sich Odin an!

Schauen wir uns also diesen Mythos vom Selbstopfer an der Weltenesche genauer an, nachdem wir versucht haben, seine urgeschichtlich besonders weit hinabreichende Dimension anzudeuten.

In einem früheren Kapitel habe ich schon einmal beschrieben, dass die Germanen ein den ganzen Kosmos durchdringendes Wesen kannten, das sie als heiligen Baum veranschaulichten.[153] Offenbar gibt es hier eine Querverbindung mit Irmin, dem Gott einer heiligen Weltsäule! Manfed Ehmer hat den Verzweigungen dieses Vorstellungsbildes bis hinein in die jüdische Kabbalah nachgeforscht.[154]

Die besondere Metapher des Mythos besteht in der Idee, dass Odin an diesem Weltbaum hängt, oder vielleicht sogar ein Teil von ihm ist. So berichtet das Havamal:

> *Ich weiß, ich hing am windigen Baum*
> *ganze neun Nächte*
> *vom Speer verwundet und Odin geweiht*
> *ich selbst mir selbst*
> *am Baum, von dem niemand weiß,*
> *aus welcher Wurzel er wuchs.*
> *Ohne Speise und Trank neigte ich mich nieder,*
> *nahm stöhnend die Runen auf*
> *und stürzte dann herab.[155]*

Simrock übersetzt *Speise und Trank* mit *Brot noch Met.* Und das Herabstürzen Odins vom Weltbaum lautet bei ihm: *Da fiel ich ab zur Erde.* Besonders interessant

aber ist dann dasjenige, was als Nächstes geschah, hier
jetzt wiederum in Simrocks Übersetzung:

Hauptlieder neun   lernt ich von dem hehren Sohn
Bölthorns, des Vaters Bestlas,
Und trank einen Trunk   des teuern Mets
Aus Odhrörir geschöpft.

Zu gedeihen begann ich,   und begann zu denken,
Wuchs und fühlte mich wohl.
Wort aus dem Wort   verlieh mir das Wort,
Werk aus dem Werk   verlieh mir das Werk.[156]

Odin verkörpert hier eine göttliche Gestalt von kosmischer Bedeutung. Das Herabfallen oder Herabsteigen
vom Weltenbaum zur Erde stellt den Abstieg, die Herabkunft des Urgeistigen aus dem ursprünglichen Einen
in die Vielgestaltigkeit der niederen Ebenen der Schöpfung dar. Dieser Vorgang ist das Opfer des Logos, des
kosmischen Menschen. Und da dieser Logos noch innerlich verbunden ist mit dem Ureinen, beinhaltet das
Opfer auch ein Opfer an das Ureine, welches sich darin
zugleich selbst opfert. Dieses Prinzip der Identität, der
Spiegelung Gottes in seiner Emanation, seiner Selbstbe-
wusstwerdung im Geschöpflichen – all das zeigt, auf
welcher hohen Reflektionsebene die germanischen Weisen hier operieren!

In der altindischen Überlieferung des Rig-Veda gibt
es zu dieser Aussage Odins vom Opfer seiner selbst an
sich selbst eine ziemlich präzise Parallele. In der Purushasukta heisst es:

Als die Götter mit Purusha als Opferspeise ein Opfer
darbrachten,

...

Die hier geschilderte Szenerie ähnelt der Tötung des
Urriesen Ymir bei Snorri aufs Haar. Wenn es aber
heisst, dass die Opfernden dem Geopferten selbst opferten, umschreibt das eine Form sakralen Respekts gegenüber dem Geopferten. Das Opfer selbst ist nicht nur eine
Gabe an einen Dritten, von dem man sich eine Gegenleistung verspricht. Statt dessen scheint sich die Opferung im Einverständnis mit dem Geopferten zu vollziehen. Das setzt eine eigenständige Erkenntnis und Ent-
schlusskraft des Geopferten vorraus. Odins Worte im
Havamal bekräftigen, dass es sich um ein freiwilliges
Opfer, um ein Opfer aus eigenem Antrieb handelt. Der
Ymir-Mythos und die Purushasukta wiederum zeigen
im Zusammenhang gesehen, dass diese freiwillige
Selbsthingabe einer Gottheit eigentlich die Entstehungs-
bedingung der Struktur des Kosmos, also der Urschöp-
fung im christlich-jüdischen Sinne darstellt!
Damit ist aber auch wiederum klar, dass Odin mit seinem Selbstopfer an der Weltenesche eine ältere Gottheit
ersetzt, bzw. deren Rolle übernommen hat – ein weiterer
wichtiger Beleg, um dem Odinskult kritisch zu begeg-

nen.

Die Herabkunft des Logos bis hinunter zur Sphäre des Physischen wird im oben geschilderten Odrörir-Mythos nach Snorri symbolisiert durch den Koitus mit Gunnlöd. Im Havamal ist der gleiche Vorgang versinnbildlicht durch das Herabstürzen vom Weltbaum. Aber auch im Havamal ist der Wendepunkt des Geschilderten der Genuss des heiligen Metes: Es ist die Herauslösung des in die materielle Ebene eingeschlossenen göttlichen Lichtes, das durch die Entwicklung des organischen Lebens wieder zurück- und emporgeführt wird ins primäre göttliche Urlicht, die höchsten kosmischen Ebenen.

Der letzte Vers mit seinen Verweisen auf das Gedeihen, das Denken, das Wachstum, das Wort und das Werk beinhaltet deutliche Anspielungen auf die Entwicklung der Lebensformen bis hin zu ihrer höchsten Entfaltung im Gottmenschen. Bemerkenswert und in direktem Zusammenhang mit dem Prolog des Johannes-Evangeliums ist zu sehen, dass es eine Aufeinanderfolge von Denken, Sprache (Wort) und Handeln (Werk) gibt. Was damit gesagt wird, ist eine Übertragung der Wesenszüge des Logos-Geschehens auf den Menschen und seine Entwicklung. Das *Wort* oder die Sprache steht eben im gleichen Verhältnis zum Denken bzw. dem Geist, wie der *Logos* oder *Sohn* zum göttlichen Vater. Und erst dieses geistgeleitete Wort ist dann der Ausgangspunkt des Handelns, im Neuen Testament versinnbildlicht durch den Heiligen Geist.

Wichtig ist die Betrachtung der Reihenfolge, in der das Mysteriengeschehen im Havamal beschrieben wird: Vor dem Herabstürzen oder der Herabkunft des Logos werden die Runen aufgenommen. Die Runen sind die Sinnbilder der Kräfte des Makrokosmos. Indem der Geist in die Wesenskräfte des Kosmos eindringt, wird er vollkommen eins mit der Vielgestaltigkeit des Geschöpflichen. Dann ist der Punkt erreicht, wo er ganz „herabgefallen ist zur Erde".

Bedeutungsvoll ist ferner die hier auftretende Neunzahl. Die Neun hat in der archaischen Überlieferung Eurasiens eine ähnliche ganzheitliche Bedeutung für das Kosmische wie die Siebenzahl im chaldäisch-babylonischen Kulturbereich. In Snorris Version des Odrörir-Mythos kämpft Odin mit den neun Knechten des Riesen Suttung, deren Arbeit er anschliessend verrichtet. Im Havamal ist der gleiche Vorgang versinnbildlicht durch das neun Nächte andauernde Hängen am Weltbaum. Anschliesssend lernt Odin neun Hauptlieder von dem Riesensohn Bölthorns. Bölthorn ist einer der Urriesen, die im Werdegang des Kosmos in uranfänglichsten Zeiten zu verorten ist. Das Prinzip des Riesenhaften verweist selbst auf das Makrokosmische, auf die Ordnung des Alls in einem größeren Ganzen, aus dem sich erst in späteren Phasen der Entwicklung die vereinzelten organischen Wesenheiten bis hin zum Gegenwartsmenschen herauslösen.

Das Schöpfen und Trinken aus Odrörir stellt dann die Rückverbindung der organischen Wesenheit Mensch mit der Essenz ihres göttlichen Ursprungs dar, bei Snorri versinnbildlicht durch den göttlichen Urmenschen *Kwasir*. Erst durch diesen Rückbezug auf das ursprünglich Gottmenschliche beschreitet der Jetztmensch den Weg zu einem höheren Wesen: „Zu gedeihen begann ich...".

Abb.25: Der „Gehängte" in ähnlicher Darstellung wie im Tarot von Marseille (Fenster der Marienkirche Frankfurt/Oder von 1360/1370)

Schließlich ist noch anzumerken, dass all diese Zusammenhänge auch in der hochmittelalterlichn frühneuzeitlichen Esoterik aufscheinen: Es ist die 12. Karte des Tarot, die den Gehängten darstellt. Alle Tarotexperen weisen darauf hin, dass die Beine des Gehängten ein Kreuz formen, während seine herabhängenden Arme ein Dreieck bilden. Diese Dominanz des Kreuzes gegenüber dem Dreieck zeigt eine Unterwerfung des Geistigen gegenüber dem Stofflichen. Aber diese „Herabwürdigung" des Geistigen ist nur ein zeitlich begrenzter Vorgang, die „Prüfung" des Initianden. Dem Tod als Transformation des Einweihungsprozesses (Karte 13) folgt die Wiederauferstehung, indem der Gehalt eines Leibes

186

(= Gefässes) in ein neues Gefäss gegossen wird (Karte 14).

In Snorris Mythos wird dieser Vorgang durch die Ausgießung des von Odin geraubten Metes in Gefässe dargestellt, die sich in Asgard, dem Reich der Götter befinden.

Epilog

Der Chronist Helmold von Bosau (1120 - 1177), der im Norden des heutigen Deutschlands in einer Übergangszeit zwischen Heidentum und Christentum wirkte, schreibt über die damaligen "Heiden" jener Regionen:

„Bei all den vielgestaltigen Gottheiten, mit denen sie Fluren und Wälder, Leiden und Freuden beleben, leugnen sie doch nicht, daß ein Gott im Himmel über die übrigen herrsche; dieser Allmächtige sorge nur für den Himmel, die anderen aber gehorchten ihm im anvertrauten Pflichtenkreise, seien aus seinem Blute hervorgegangen, und jeder von ihnen sei um so vornehmer, desto näher er jenem Gott der Götter stehe."[158]

Quellen

Franz Alt (Hrsg.): Das C.G. Jung Lesebuch, Gütersloh 1983

Johannes Arndt: Germanische Kunst, Leipzig 1935

Adolf Bacmeister (Übers.): **Tacitus: Germania**, Stuttgart 1868
(https://archive.org/details/diegermania00bacmgoog   - Seitenaufruf am 31.01.2018)

Imperium der Götter, Kulte und Religionen im römischen Reich, Herausgegeben vom Badischen Landesmuseum Karlsruhe,Darmstadt 2013

Heinrich Banniza v. Bazan: Das deutsche Blut im deutschen Raum, Berlin 1937

Eugen Friedrich Beck: Sichtbare Zeugnisse alteuropäischer Geistesgeschichte, Schopfheim 1974

Friedrich Behn: Kultur der Urzeit, Bd. I + II, Berlin 1950

Friedrich Behn: Die Bronzezeit in Nordeuropa, Stuttgart / Berlin / Köln / Mainz 1967

Richard Beitl: Wörterbuch der deutschen Volkskunde, Stuttgart 1974

Gerhard J. Bellinger: Lexikon der Mythologie, Augsburg 1997

Helmold von Bosau: Slawenchronik – übertragen von Heinz Stoob, Darmstadt 1990

Hanns Christof Brennecke: "Arianismus" - Inszenierungen eines Konstrukts, Erlangen/Nürnberg 2013 (https://www.zuv.fau.de/einrichtungen/presse/publikationen/erlanger-universitaetsreden/Uni-Rede_83-Prof_Brennecke.pdf - Seitenaufruf am 31.01.2018)

Hans Bruns: Das Neue Testament, Gießen 1963

Wilhelm Capelle: Die Germanen der Völkerwanderung, Stuttgart 1940

H.R. Ellis Davidson: Scandinavian Mythology, London 1975

Ulf Diederichs (Herausgeber): Germanische Götterlehre - Nach den Quellen der Lieder- und der Prosa-Edda, Köln 1984

Dionysius Areopagita: Über die beiden Hierarchien, Übersetzung aus dem Griechischen von Josef Stiglmayr, München und Kempten 1911 (https://archive.org/details/dionysiusareopa00dion - Seitenaufruf am 31.01.2018)

John Dowson: A classical Dictionary of Hindu Mythology & Religion, London 1888, New Delhi 2000 (Reprint)

Manfred Ehmer: Heilige Bäume – Baumkulte im Alten Europa, Hamburg 2016, 2. Auflage 2019

Mircea Eliade: Geschichte der religiösen Ideen, Band 2 – Freiburg / Basel / Wien 1993

Evangelisches Kirchen-Gesangbuch, Berlin 1951

Hanns Fischer: Das kosmische Schicksal der Germanen, Breslau 1936

S. Fischer-Fabian: Die ersten Deutschen, Berlin / Darmstadt / Wien 1975

Werner Foerster (Übers. u. Hrsg.): Die Gnosis – Zeugnisse der Kirchenväter, München / Zürich 1995

James George Frazer: Der goldene Zweig, 2 Bände, Frankfurt am Main 1977

Felix Genzmer (Übers.): Heliand und die Bruchstücke der Genesis, Stuttgart 1961

Felix Genzmer: Edda - Erster Band Heldendichtung, Zweiter Band Götterdichtung und Spruchdichtung, Düsseldorf / Köln 1975

Marija Gimbutas: Die Zivilisation der Göttin, Frankfurt am Main 1996

Helmuth von Glasenapp: Indische Geisteswelt, Baden-Baden 1958

Hugo Gering (Übers.): Die Edda, Leipzig u. Wien, Bibliographisches Institut, o.J.

Heide Göttner-Abendroth: Für die Musen, Frankfurt

a.M. 1992

Jacob und Wilhelm Grimm: Vom Wesen der Volkheit, Jena 1936

Jacob Grimm und Wilhelm Grimm: Deutsches Wörterbuch- digitalisierte Fassung im Wörterbuchnetz des Trier Center for Digital Humanities, Version 01/21, (https://www.woerterbuchnetz.de/DWB?lemid=G22661 - abgerufen am 16.12.2021.

Jacob Grimm: Deutsche Mythologie, I. Band, Nachdruck Frankfurt./M. - Berlin – Wien 1981

Wilhelm Grönbech: Kultur und Religion der Germanen, 2 Bände, Darmstadt 1954

Hermann Güntert: Der Ursprung der Germanen, Heidelberg 1934

Hans F.K. Günther: Rassenkunde des Deutschen Volkes, München 1937

Hans Hahne: Deutsche Vorzeit, Bielefeld 1933

Max Heindel: Die Weltanschauung der Rosenkreuzer, Darmstadt 1973

Fritz-Rudolf Herrmann u. Albrecht Jockenhövel: Die Vorgeschichte Hessens, Stuttgart 1990

Paul Herrmann: Erläuterungen zu den ersten neun Büchern der dänischen Geschichte des Saxo

Grammaticus, Leipzig 1901

Hesiod: Sämtliche Werke, übersetzt von Thassilo von Scheffer, Bremen 1984

Friedrich Hölderlin: Sämtliche Werke und Briefe, Band 1 (Gedichte), Darmstadt 1998

Otto Holzapfel: Lexikon der abendländischen Mythologie, Freiburg im Breisgau 1993

Johann Chr. Hüttner: Die Gesetze des Manu, Husum 1981 (Neudruck der Ausgabe Weimar 1797)

David Hume: Gespräche über Natürliche Religion, Göttingen 2016

C. Jinarajadasa: Die okkulte Entwicklung der Menschheit, Paris 1947

Walter Kappacher: Morgen, Gütersloh 1972

Albert Kiekebusch: Deutsche Vor- und Frühgeschichte, Leipzig 1934

Dr. Friedrich A. Knost: Feststellung und Nachweis der Abstammung, Berlin 1939

Werner König: dtv-Atlas Deutsche Sprache, München 2007

Gustav Kossinna: Altgermanische Kulturhöhe, Leipzig 1939

Bernhard Kummer: Gott Odin - sein Chronist und sein Gefolge, Zeven 1967

Bernhard Kummer: Midgards Untergang – Germanischer Kult und Glaube in den letzten heidnischen Jahrhunderten, Zeven 1972 (5. Auflage)

Jörg Lechler: 5000 Jahre Deutschland, Leipzig 1937, Neudruck Struckum 1983

Herman Lommel (Übers. u. Hrsg.): Gedichte des Rig-Veda, Müchen-Planegg 1955

Gerd Lüdemann / Martina Janßen: Bibel der Häretiker – Die gnostischen Schriften aus Nag Hammadi, Stuttgart 2017
Online-Ausgabe:
https://web.archive.org/web/20120417132730/http://gloriadei.info/001a/docs/NH/Nag_Hammadi_-_Luedemann-Janssen.pdf (Seitenaufruf am 14.03.2023)

Ina Mahlstedt: Die religiöse Welt der Jungsteinzeit, Darmstadt 2004

Horst E. Miers: Lexikon des Geheimwissens, München 1976

R. Much: Der Germanische Himmelsgott, Halle 1898

Johannes Mundhenk: Forschungen zur Geschichte der Externsteine, Bd. II, Lemgo 1980

Friedrich Murawski: Das Gott – Umriß einer Weltanschauung aus germanischer Wurzel, Berlin 1944

Klaus Mylius: Älteste Indische Dichtung und Prosa, Wiesbaden 1981

Felix Niedner (Übers.): Snorris Königsbuch, 1. Band (Heimskringla), Jena 1922 (https://archive.org/details/snorrisknigsbu01snoruoft - Seitenaufruf am 31.01.2018)

Eric Graf Oxenstierna: Die Goldhörner von Gallehus, Selbstverlag Lidingö 1956

Oxford-Lexikon der Weltreligionen, Darmstadt 1999

Kurt Pastenaci: Das viertausendjährige Reich der Deutschen, Berlin 1939

Kurt Pastenaci: Das Licht aus dem Norden, Berlin 1938

Felix R. Paturi: Zeugen der Vorzeit, Düsseldorf / Wien 1976

Platon, Sämtliche Werke Bd. 5 (Übersetzung von Friedrich Schleiermacher), Hamburg 1974

Rudolf Pörtner: Bevor die Römer kamen – Städte und Stätten deutscher Urgeschichte, München / Zürich 1975

Der edle *Quran* und die Übersetzung seiner Bedeutungen in die deutsche Sprache Übersetzung: Scheich 'Abdullah as-Samit Frank Bubenheim und Dr. Nadeem Elyas (https://www.al-nour.de/docs/Der_edle_Quran.pdf) – Abgerufen am 08. 09. 2023

Ernst Probst: Deutschland in der Bronzezeit, München 1999

Sibylle von Reden: Die Megalith-Kulturen, Köln 1978

Wilhelm Reynitzsch: Von den Deutschen, ihrem Gottesdienst Druiden, Barden und Skalden, Gotha 1802, Neudruck München 1977

J.B. Rives: Tacitus, Germania. Translated with Introduction and Commentary, Oxford 1999

Alfons Rosenberg: Verborgene Worte Jesu, Weilheim 1972

Carl Schmidt (Übers. u. Hrsg.): Pistis Sophia, Leipzig 1925 (https://ia800107.us.archive.org/30/items/PistisSophiaDeutsch1925_201803/Pistis%20Sophia%20Deutsch%201925.pdf – Abgerufen am 05.10.2023)

Hubert Schmidt: Vorgeschichte Europas, Bd. I: Stein- und Bronzezeit, Leipzig / Berlin 1924

Ludwig Schmidt: Die germanischen Reiche der Völkerwanderung, Leipzig 1918

Klaus Schneider: Die schweigenden Götter – Eine Studie zur Gottesvorstellung des religiösen Platonismus, Hildesheim 1966

Helmut Schröcke: Die Vorgeschichte des deutschen Volkes, Tübingen 2009

Rudolf Simek: Lexikon der germanischen Mythologie, Stuttgart 1995

Karl Simrock: Die Edda herausgegeben von Prof. Dr. G. Neckel, Ammerland 1983

Karl Simrock, Die Edda – Götter- und Heldensagen der Älteren Edda, Berlin 1987

Karl Simrock: Die Edda – Die ältere und jüngere Edda und die mythischen Erzählungen der Skalda, Essen 1986

Wilhelm Stapel: Der Heliand, Nachdruck der Ausgabe von 1953, Herrsching o.J. (ISBN 3-8224-1150-7)

P. Cornelius Tacitus - Germania, lateinisch/deutsch - Übersetzt, erläutert und mit einem Nachwort herausgegeben von Manfred Fuhrmann, Stuttgart 2000

Britta Verhagen: Kam Odin-Wodan aus dem Osten?, Tübingen 1994

Völker, Staaten und Kulturen – Ein Kartenwerk zur Geschichte, Georg Westermann-Verlag, Braunschweig 1969

Jacobus de Voragine: Legenda Aurea (Hrsg.: Jacques Laager), Zürich 1986

Christian August Vulpius: Handwörterbuch der Mythologie der deutschen, verwandten, benachbarten und nordischen Völker, Leipzig 1826, Neudruck Wiesbaden

1987

Jan de Vries: Die Geistige Welt der Germanen, Darmstadt 1964

Ferdinand Wachter: Snorri Sturlusons Weltkreis (Heimskringla), Leipzig 1835

Matthias Wenger: Göttinnen und Götter in den Mysterien des Heidentums, Bergen / Dumme 1994 und 1999

Ludwig Wilser: Deutsche Vorzeit, Berlin-Steglitz 1917

Herman Wirth: Aufgang der Menschheit, Jena 1928

Antike Quellen zur Geschichte der Germanen, übers. von Curt Woyte, Leipzig 1916

Hans Zirker (Übersetzer): Der Koran, Darmstadt 2016

Verzeichnis der Abbildungen

Abb. 1 Allvater – Fresko aus dem Neuen Museum in Berlin von 1852 - Künstler : Gustav Heidenreich (1819 - 1855)

Abb. 2 Erste biologische Gestalten der eddischen Kosmologie (Gylfaginning Kptl. 4 – 8)

Abb. 3: Wurzel Jesse (Detail) Deckengemälde St. Michael, Hildesheim (Um 1230)

Abb. 4: Wurzel Jesse (Holzschnitt von Tobias Stimmer, 1539 – 1584) - Staatliche Museen zu Berlin, Kupferstichkabinett / Jörg P. Anders)

Abb. 6: Irminsuldarstellung aus der Stiftskirche Obermarsberg (Metallrelief)

Abb. 7 – 11: Romanische Weltbaumsymbolik von Kapitellen der Godehard-Basilika, Hildesheim (1133 – 1172)

Abb. 12 Die arianischen Reiche der Spätantike im mediterranen Raum - Karte aus: Putzgers Historischer Schul-Atlas, Bielefeld - Leipzig 1916

Abb. 13: Ausschnitt aus einem Altarbild der 14 Nothelfer – Im Vordergrund St. Margarete mit ihrem Drachen (1510 – 1520 Obersachsen / Thüringen, Bode-Museum Berlin)

Abb. 14: Romanisches Kapitell aus St. Saturnina in Neuenheerse (1165)

Abb. 15: Romanisches Kapitell - St. Cyriakus, Abtei Gernrode (11. Jhdt.)

Abb. 16: Romanisches Kapitell - St. Cyriakus, Abtei Gernrode (11. Jhdt.)

Abb. 17: Romanisches Kapitell – Goslarer Dom (1040 - 1050)

Abb. 18: Romanisches Kapitell – Goslarer Dom (1040 – 1050)

Abb. 19: Romanisches Kapitell - Außenseite der Apsis

der Neuwerkkirche, Goslar (12. Jhdt.)

Abb. 14 – 19: Motiv der Verbindung von Gegensätzen zu einer neuen Einheit

Abb. 20: Osnabrücker Dom (spätromanisch, 12. Jhdt.)

Abb. 21: St. Michael /Hildesheim (frühromanisch, 11. Jhdt.)

Abb. 22: Magdeburger Dom (13. Jhdt.)

Abb. 23: St. Dionys, Esslingen (Um 1300)

Abb. 20 - 23: Die Schlange in der mittelalterlichen „christlichen" Ikonographie

Abb. 24: Ausschnitt aus einer Kreuzigungs-Darstellung (Soest um 1230) Gemäldegalerie – Staatliche Museen zu Berlin

Abb. 25: Der „Gehängte" in ähnlicher Darstellung wie im Tarot von Marseille (Fenster der Marienkirche Frankfurt/Oder von 1360/1370)

Abbildungen 1 – 3, 6 – 11 und 13 - 25: Fotos bzw. Grafiken des Autors; Copyright: Matthias Wenger

Anmerkungen

1 http://adriaan.biz/nietzsche/Der%20Fall
   %20Wagner.pdf
2 Matthias Wenger: C.G. Jung - Tiefenpsychologie zwischen Scharlatanerie, politischer Anbiederung und Erkenntnisinteresse. In:
http://derhain.de/Politisch-missbrauchtes-Heidentum/ (Abgerufen am 22.10.2023)
3 Alt, S. 198
4 Alt, S. 199f.
5 Kappacher, S.85
6 Simek, S. 238, Stichwort Liedereddda
7 de Vries, S. 187f.
8 Bacmeister, S.16
9 Kummer 1972, S.47
10 Bacmeister, S.58f.
11 Cäsar, De Bello Gallico VI, 21;in: Woyte, S. 16
12 Grönbech, S. 255f.
13 Grönbech, S. 257
14 Bacmeister, S.15
15 Imperium der Götter, Kulte und Religionen im römischen Reich, S.25f.
16 Plutarch über Isis und Osiris, nach neuverglichenen Handschriften mit Übersetzung und Erläuterungen herausgegeben von Gustav Parthey, Berlin, Nicolaische Buchhandlung, 1850
17 Niedner 1922, S. 28ff.
18 Herrmann, S. 30f.
19 de Vries, S. 179

Anmerkungen

20 Damals noch Sigrun Schleipfer-Friese

21 Simrock 1983, Vorwort (ohne Seitenzahlen)

22 Die Zitate aus der Prosa-Edda entstammen jeweils einer Übersetzung von Karl Simrock, Essen 1986

23 Gylfaginning 13 zit. bei Simek, S. 13. Auch bei allen weiteren Namensdeutungen der zwölf Namen des Allvater orientiere ich mich an den entsprechenden Stichworten bei Simek.

24 Übersetzung von Karl Simrock

25 Gylfaginning Kptl. 10

26 Tacitus übers. n. Fuhrmann, S. 5ff.

27 Rives, S.112

28 Rives, S. 111 f.

29 Dowson, S.373

30 Helmuth v. Glasenapp, S. 43

31 Gesetzbuch des Manu, 12. Kptl., Vers 93 (Hüttner, S. 306)

32 Eine noch detailliertere Schilderung findet man im Oxford-Lexikon der Weltreligionen, Stichwort *Upanayana* (S.1039f.) sowie *Zweimalgeborene* (S.1120)

33 Rigveda 3, 62, 10; s. Stichwort *Gayatri* im Oxford-Lexikon der Weltreligionen, S. 336

34 Dowson, S. 111f. bringt Beispiele für verschiedene teils umstrittenen Übersetzungen und die damit verbundenen Gedankengänge.

35 Miers, 153

Anmerkungen

36 Johannes 3, Verse 3 – 8 in der Übersetzung nach Bruns

37 Hüttner, S.30

38 Rives, S. 113 ff.

39 Kummer 1972, S.25

40 https://de.wikipedia.org/wiki/Gott (Seitenaufruf am 30.12.2021)

41 „GOTT, m.", Deutsches Wörterbuch von Jacob Grimm und Wilhelm Grimm, digitalisierte Fassung Zu den religiösen Vorstellungen, die mit dem altnordischen Gottheitsbegriff verknüpft werden können, hat Jacob Grimm im 2. Kptl. seiner „Deutschen Mythologie" ausführlich recherchiert.

42 de Vries, S. 158f.

43 de Vries, S. 169

44 de Vries, S. 171

45 de Vries, S. 179

46 Grönbech, S. 249

47 Das *Blot* ist das germanische Opferritual

48 Grönbech, S. 260

49 Helmut de Boor zit. bei Murawski, S. 21

50 Tagesspiegel online v. 22.12.2012

51 Much, S. 1

52 https://de.wikipedia.org/wiki/Gott – Seitenaufruf am 22. 06.2017

53 https://de.wikipedia.org/wiki/Tyr – Seitenaufruf am 22.06.2017

54 de Vries, S. 185

Anmerkungen

55 Simek, S.419 f.

56 Mahlstedt, S. 55ff.

57 Übersetzung von Genzmer, Die Edda, Band 1 – Heldendichtung S. 141

58 Eliade, S. 145

59 de Vries, S. 198

60 D.h.: die Huris, die Paradiesesjungfrauen

61 Der edle Quran, S. 534f. ; s. auch Zirker, S. 334ff.

62 Gylfaginning 36, Hugo Gering, S. 328

63 Gylfaginning 38, Hugo Gering, S. 329; s. auch Diederichs 1984, S. 152ff., hier in der Übersetzung von Gustav Neckel

64 Kummer 1972, S.54

65 s. S. 210f.

66 Diese Zusammenhänge wurden gründlich erforscht von Manfred Ehmer in seinem Wek *Heilige Bäume*, Hamburg 2019

67 Hume, S. 87

68 Simek, S. 407

69 Britta Verhagen, die 1994 im rechten Grabert-Verlag die Studie "Kam Odin-Wodan aus dem Osten" veröffentlicht hatte, scheint aus dieser ideologischen Gemengelage heraus den Versuch zu machen, die damalige Diskussion zu aktualisieren.

70 So wie es ja weiter oben in Snorris Heimskringla offenbar angedeutet wird.

Anmerkungen

71 Simek, S. 411

72 Bellinger, S. 213

73 Brennecke S. 26

74 s. z.B. Artikel 1 der Augsburgischen Konfession, in der sogar explizit gegen die Arianer polemisiert wird! (S. 59 der "Beigaben" zum Evangelischen Kirchen-Gesangbuch von 1951)

75 Dionysius Areopagita / Stiglmayr, S. 63

76 http://www.wulfila.be/gothic/browse/ sowie https://archive.org/details/diegotischebibel01heid (Seitenaufruf am 02.02.2018)

77 http://wwwhomes.uni-bielefeld.de/niw/40001C.html (Seitenaufruf am 02.02.2018)

78 Der altnordische Begriff für das Opfer

79 Grönbech, S. 261

80 Platon: Timaios 34b(Übers. Schleiermacher)

81 Die hier wiedergegebenen Bezeichnungen und Umschreibungen entstammen der Timaios-Übersetzung von Schleiermacher, S. 162ff.

82 Schleiermacher, S. 164

83 Hesiod: Sämtliche Werke, übersetzt von Thassilo von Scheffer, Bremen 1984

84 Jinarajadasa, S. 192

85 Heindel, S. 447

86 Jinarajadasa, S. 156 ff.

87 Platon: Sämtliche Werke. Band 3, Berlin [1940], S. 91-192

Anmerkungen

(http://www.zeno.org/Philosophie/M/Platon/Timai os); Platon (Übers. Schleiermacher) Hamburg 1974, Timaios 24 c - d; 41 a - d

88 s. z.B. Heide Göttner-Abendroth: Für die Musen, insbes. S. 41ff.; Matthias Wenger: Göttinnen und Götter, Bergen/Dumme 1999, S. 139ff. (Beschreibung der germanischen *Nornen*)

89 Matthias Wenger: Margarete – die Heilige mit dem Drachen, in: Rückschau 2018 des Forschungskreises Externsteine e.V., S. 104 ff.

90 Platon (Übers. Schleiermacher) Hamburg 1974, S. 165 (42a -b)

91 de Vries, S. 42f.

92 Klaus Schneider hat in seiner Arbeit „Die schweigenden Götter" verdeutlicht, daß es sich hier um einen kulturübergreifenden Archetypus handelt!

93 http://gutenberg.spiegel.de/buch/friedrich-h-262/165 (Seitenaufruf am 20.01.2015) und Hölderlin, S. 404

94 http://de.wikipedia.org/wiki/Germania_%28Personifikation%29 (Seitenaufruf am 18.01.2015)

95 Das Folgende beinhaltet einen Vortrag, der auf der 47. Arbeitstagung des Forschungskreises Externsteine e.V. am 9. Mai 2013 gehalten wurde. Der Text erschien zuerst in der Rückschau 2013 besagten Vereins (forschungskreis-externsteine.de)

Anmerkungen

96 Fischer 1936, S.24

97 Schmidt 1924, S.8

98 Behn 1967, S.22

99 Behn 1967, S. 26

100 Behn 1967, S. 23f.

101 zit. in Die Zeit Nr. 52 vom 19. Dezember 2012

102 Beitl, S. 862

103 https://de.wikipedia.org/wiki/Germanen (Seitenaufruf am 27.03.2013)

104 Knost, S. 4

105 Wirth 1928, S.27

106 Wirth 1928, S.19

107 Wirth 1928, S.22

108 Wirth 1928, S.11

109 Wirth 1928, S.178

110 Wirth 1928, S.183

111 Wirth 1928, S.187

112 Wilser, S. V

113 Kossinna, S. 10ff.

114 Reynitzsch, S. 14

115 Reynitzsch, S. 17ff.

116 Die folgenden Darlegungen beinhalten einen Vortrag, der auf der Pfingsttagung des Forschungskreises Externsteine e.V. am 25. Mai 2023 verlesen wurde

117 Mundhenk, S.126

118 Mundhenk, S. 138f.

119 Jinarajadasa, S. 63f.

Anmerkungen

120 Grönbech, 1. Bd. S. 7

121 de Vries, S.2

122https://de.wikipedia.org/wiki/Diskussion:Samm lung_Thule (Abgerufen am 19.05.2023)

123 Jörg Lechler: 5000 Jahre Deutschland, Vorwort

124 Das katastrophale Resultat derartiger Bemühungen kann man in Schulzens Werk *Germaniens reine Seele* (6. Auflage 2023) bestaunen.

125 Stefan Magnet: Nach Corona – Warum die Globalisten scheitern werden und die Menschheit erwacht, Linz 2021

126 Güntert, S. 97ff.

127 Lommel, S. 80

128 Apostelgeschichte 2, 15; Petrus verteidigt die vom Heiligen Geist erfüllten Ekstatiker des Pfingstwunders: Es wäre gar nicht möglich, dass ihre Ekstase vom Alkohol herrühre, weil man erst die dritte Stunde des Tages verzeichne!

129 Es ist denkbar, dass hier auf die Dreigliederung von Geist (Mentalkörper), Seele (Astralleib) und physischem Leib angespielt wird. Dann wäre hier der Geist das Verbindungsglied zu den Göttern, die Astralseele bzw. der Begierdenleib die bei dem erneuten Aufstieg durch die Sphären auf- oder abzulösende Wesenssubstanz („Sühne") und der physische Leib das Opfer an die Geisteskraft („Angebot"). Der Leib figuriert

Anmerkungen

in der christlichen Mystik als „Tempel des heiligen Geistes". Und der Tempel ist der sakrale
Ort des Opfers!

130 Das Ganze wird nicht nur von Snorri im Skal-
dskaparmal erzählt sondern in Kurzform auch
im Havamal,Verse 104 − 110 (s. Ulf Diederichs: Germanische Götterlehre, Köln 1984,
S.178ff.; Simrock 1983, S.216)

131 Nähere Angaben bei Merlin Kräker 2014:
https://www.indologie.uni-
mainz.de/files/2015/01/Hausarbeit-Soma-Eine-
Kurzdarstellung-auf-Basis-des-Rigveda-
Endfassung.pdf (Abgerufen am 31.08.2023)

132 Rigveda IV, 26; Übersetzung von Klaus Mylius: Älteste Indische Dichtung und Prosa, Wiesbaden 1981, S.23ff.

133 Geldner übersetzt „die Törinnen"! (Der Rig-
Veda übers. von Karl Friedrich Geldner, Wiesbaden 1951, S.455)

134 Vollmers Wörterbuch der Mythologie, Stuttgart 1874, S.455; Gerhard J. Bellinger: Lexikon
der Mythologie, Augsburg 1997, S. 535

135 Homerische Hymnen, übers. von Anton Wei-
her, München/Zürich 1986, S.110ff.

136 Nietzsche stellt z.B. in seinen Donysos-Dithy-
ramben einen kryptischen Zusammenhang her
zwischen dem von ihm verehrten antiken Gott
und dem „Gehenkten"! Auch Rudolf Steiner

war dieser Zusammenhang vollkommen klar, als er 1911 schrieb: „Mithra und Dionysos zugleich war das Wesen, das mit dem Ereignis von Palästina in die Menschheit eindrang, und ein Zusammenfluß von Mithra- und Dionysos-Kult war das Christentum!" GA 131, S. 24; Es ist aber typisch, dass er eine solche Deutung vorbringt, ohne im Detail auszuführen, worin ein derartiger Zusammenhang bestehen könnte!

137 De Voragine, S. 181: "Wie man in der „Kirchengeschichte" lesen kann, befand sich dort ein Tempel der Venus, den der Kaiser Hadrian hatte errichten lassen, damit jeder Christ, der die Absicht hätte, dort zu beten, die Venus zu verehren scheine"; „Westlich des Cardo, an der höchsten Stelle, ließ Hadrian eine Kultstätte für Aphrodite und einen Tempel der kapitolinischen Trias errichten." (https://de.wikipedia.org/wiki/Grabeskirche#Vorbebauung – Abgerufen am 13.09.2023) Hadrian regierte von 117 bis 138 n.Chr.

138 Matthäus 10, 16 n. Bruns

139 Einen guten Überblick dazu gibt Hermann L. Strack: Das Blut im Glauben und Aberglauben der Menschheit, München 1900 (Neudruck München 1979)

140 Rigveda X, 90 (s. Mylius, S.65ff.)

141 Frazer Bd.1, S.551f.

Anmerkungen

142 An Indra, den „Götterkönig" finden sich 274 Hymnen gerichtet, an Agni, den Gott des kultischen Feuers 196 und an Soma immerhin 124 Hymnen! (s. Wenger 1999, S.23)

143 Simek, S.316

144 https://de.wikipedia.org/wiki/Skalde (Abgerufen am 13.09.2023)

145 Genzmer 1975, Bd.2, S. 151

146 Foerster, S.114 u. S. 122f.

147 So die wörtliche Bedeutung des Sanskritbegriffes *Avatara*

148 s. sein Gedicht „Der Einzige" entstanden um 1801 / 1802 (Hölderlin1998 Bd.1, S. 187ff.)

149 Evangelium des Johannes, Kptl. 2

150 Rosenberg, S.77ff.

151 Schmidt 1925

152 Lüdemann / Janßen 2017

153 s. S. 68!

154 Ehmer 2016, S.108ff.

155 Wir folgen hier der Fassung bei Simek, S.313

156 Simrock, S. 221

157 Mylius, S. 66f.

158 Stoob, S. 289